Valentina Dapunt · Daniela Landgraf

# Generation Money

W0053351

**Wir übernehmen Verantwortung! Ökologisch und sozial!**

- Verzicht auf Plastik: kein Einschweißen der Bücher in Folie
- Nachhaltige Produktion: Verwendung von Papier aus nachhaltig bewirtschafteten Wäldern, PEFC-zertifiziert
- Stärkung des Wirtschaftsstandorts Deutschland: Herstellung und Druck in Deutschland

Valentina Dapunt
Daniela Landgraf

# Generation Money

Heute vorsorgen & morgen
finanziell unabhängig sein

Externe Links wurden bis zum Zeitpunkt der Drucklegung des Buches geprüft. Auf etwaige Änderungen zu einem späteren Zeitpunkt hat der Verlag keinen Einfluss. Eine Haftung des Verlages ist daher ausgeschlossen.

Der Inhalt im Buch dient ausschließlich der Information. Es handelt sich hierbei jedoch um keine Kaufempfehlung oder Anlageberatung. Investitionen in Aktien, Fonds, Kryptowährungen etc. gehen mit einem hohen Risiko einher und können auch zu einem Totalverlust führen. Jegliche Haftung der Verfasserinnen beziehungsweise des Verlags und seiner Beauftragten für Personen-, Sach- und Vermögensschäden ist hiermit ausgeschlossen.

Bibliografische Information der Deutschen Nationalbibliothek

Die Deutsche Nationalbibliothek verzeichnet diese Publikation in der Deutschen Nationalbibliografie; detaillierte bibliografische Daten sind im Internet über http://dnb.d-nb.de abrufbar.

ISBN 978-3-96739-129-9

Lektorat: Susanne von Ahn
Korrektorat: Sandra Bollenbacher | www.rotstift.art
Umschlaggestaltung: Buddelschiff, Stuttgart | www.buddelschiff.de
Autorenfoto Daniela Landgraf: Friedrun Reinhold
Autorenfoto Valentina Dapunt: Kurt Mair
Satz und Layout: Lohse Design, Heppenheim | www.lohse-design.de
Druck und Bindung: Salzland Druck, Staßfurt

Wir drucken in Deutschland.

www.gabal-verlag.de
www.gabal-magazin.de
www.facebook.com/Gabalbuecher
www.twitter.com/gabalbuecher
www.instagram.com/gabalbuecher

PEFC-zertifiziert
Dieses Produkt stammt aus nachhaltig bewirtschafteten Wäldern und kontrollierten Quellen.

www.pefc.de

# Inhalt

## Wissen zahlt sich aus  98

# Komm, wir werden finanziell unabhängig!

Wer träumt nicht davon, dass Geld keine Rolle mehr spielt? Mal angenommen, du könntest deine Zeit genau mit den Dingen verbringen, die dir Spaß machen, und müsstest kein Geld mehr verdienen, weil einfach genug da ist. Wie sähe dein Leben dann aus? Was genau würdest du dann machen? Schreib dir das doch einfach mal auf. Erlaube dir zu träumen. Einen kleinen Tipp möchten wir dir dazu geben: Überlege dir gleichzeitig, ob es wirklich das ist, was du möchtest, oder ob dich das, was du jetzt gerade als ausgesprochen erstrebenswert ansiehst, irgendwann langweilt. Ein Beispiel: Wenn du dein Leben mit Reisen verbringen möchtest oder irgendwo am Strand leben willst, dann ist das bestimmt eine tolle Vision. Aber was macht es mit dir, wenn du es wirklich immer hast? Deswegen mache dir ganz bewusst Gedanken darüber, wie dein Leben dann wirklich aussehen soll.

Die meisten Menschen suchen einen Sinn in ihrem Sein und in ihrem Tun. Daran ändert die Höhe des Kontostands gar nichts. Aber mit einem gut gefüllten Konto und vielen Rücklagen ist es wesentlich leichter, ein Leben zu führen, in dem Freude und Sinn sich miteinander verbinden lassen.

Um finanziell unabhängig zu sein, brauchst du nicht zu warten, bis du Millionen hast. Das geht auch schon früher.

**Finanziell unabhängig kannst du auch ohne Millionen sein**

Jetzt fragst du dich vielleicht, wie das gehen soll. Ein Buch voller Antworten hältst du gerade in der Hand. Doch bevor wir tiefer einsteigen, möchten wir dich mit ein paar Grundlagen abholen, zum Beispiel darüber, was finanzielle Unabhängigkeit, Freiheit und Gelassenheit überhaupt bedeuten. Weiterhin möchten wir deinen Blick auf mehr Geld-Bewusstheit lenken, denn vielen Menschen ist überhaupt nicht bewusst, wofür sie es ausgeben. Sie stellen dann manchmal schon lange vor Ende des Monats fest, dass es wieder einmal nicht gereicht hat, und fragen sich, woher sie das Geld zum Sparen nehmen sollen.

Bevor es nun wirklich losgeht, möchten wir fünf wichtige Begriffe kurz definieren. Ausführlichere Erläuterungen bekommst du dazu später.

1. **Aktives Einkommen:** Einnahmen aus einer Tätigkeit. Meistens tauschst du deine Lebenszeit gegen Geld, zum Beispiel in Form von einer Berufstätigkeit.
2. **Passives Einkommen:** Geld, das aus unterschiedlichen Einnahmequellen kommt, ohne dass du extra Lebenszeit dafür investieren musst. Dazu gehören zum Beispiel Mieteinkünfte oder Einnahmen aus deinem angelegten Geld, etwa Zinsen. Weitere passive Einkommensquellen lernst du in diesem Buch kennen.
3. **Sparen:** Du legst Geld zurück und bekommst dafür Zinsen.
4. **Investieren:** Du investierst Geld (dein eigenes oder auch geliehenes Geld), um dafür etwas zu kaufen, das dir indirektes Einkommen bringt, zum Beispiel der Kauf einer vermieteten Wohnung.
5. **Ausgaben:** Geld, das anschließend einfach weg ist. Von Ausgaben sprechen wir bei echten Kosten. Wenn du dir beispielsweise beim Bäcker ein belegtes Brötchen für 3 Euro kaufst, ist das eine echte Ausgabe und das Geld kann danach nicht mehr gespart oder investiert werden. Zumindest nicht von dir, denn das Geld hat jetzt ja der Bäcker.

Neugierig auf mehr geworden? Dann steigen wir jetzt noch ein wenig tiefer ein in das Thema Geld. Und zum Einstieg direkt eine motivierende Grafik, die zeigt, dass die ersten 100.000 Euro die schwierigsten sind:

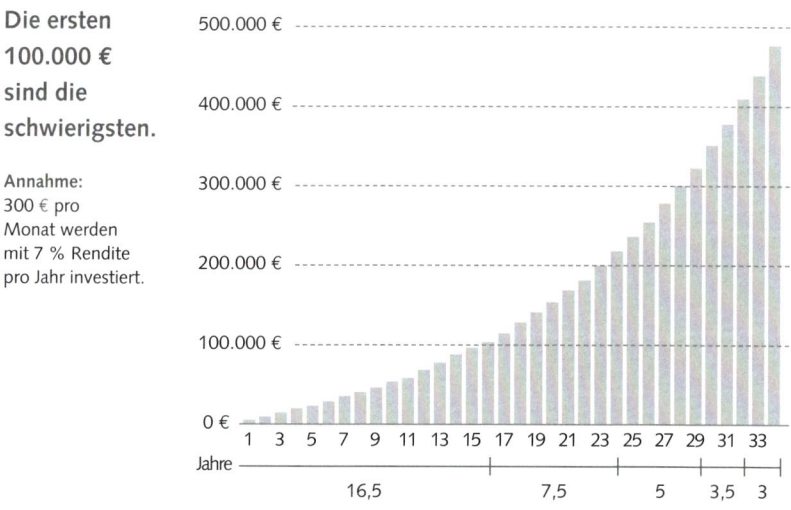

**Die ersten 100.000 € sind die schwierigsten.**

Annahme: 300 € pro Monat werden mit 7 % Rendite pro Jahr investiert.

# Was ist das überhaupt: finanzielle Unabhängigkeit, finanzielle Freiheit, finanzielle Gelassenheit?

Wer träumt nicht davon, ein finanziell sorgenfreies Leben zu führen? Wie wäre es, wenn du einfach tun und lassen könntest, worauf du gerade Lust hast, ohne darauf achten zu müssen, was es kostet? Wie wäre es für dich, wenn du nicht mehr arbeiten müsstest, um Geld zu verdienen, sondern höchstens deswegen, weil es Spaß macht und dich auf anderer Ebene erfüllt? Wenn so eine Tätigkeit dann noch Geld einbringt, hast du sogar doppelt gewonnen.

Die gute Nachricht ist, dass dieses Ziel erreichbar ist – auch in absehbarer Zeit. Die weniger gute Nachricht lautet, dass es in den wenigsten Fällen einfach von selbst passiert, wenn du nicht gerade in eine entsprechend wohlhabende Familie hineingeboren wurdest oder jemanden mit Geld heiratest. Wenn du nicht von zu Hause aus ein dickes finanzielles Polster mitbekommen hast, dann solltest du frühzeitig anfangen zu sparen und zu investieren.

Vom Sparen sprechen wir, wenn du zum einen bewusst auf bestimmte Ausgaben verzichtest und dadurch Geld einsparst, zum anderen dann, wenn du Geld zurücklegst, zum Beispiel auf deinem Girokonto, einem Sparkonto oder in einem Sparvertrag. Für Sparprodukte bekommst du einen im Vorfeld von der Bank festgelegten Zins. Dieser ist zugegebenermaßen aktuell (Stand Anfang 2023) nicht allzu interessant. Dennoch ist es sinnvoll, sogenannte liquide (also verfügbare) Gelder zur Verfügung zu haben. Wenn all dein Geld langfristig angelegt, also investiert ist, kann dich das eventuell in schwierige Situationen bringen, wenn du es für dringende Dinge benötigst (etwa die kaputte Waschmaschine, die Autoreparatur oder eine notwendige Weiterbildung für den nächsten Karriereschritt).

**Sparen bedeutet, bewusst auf Ausgaben zu verzichten**

Investieren bedeutet, dass du Geld längerfristig anlegst, und zwar so, dass es nicht nur regelmäßige Einnahmen bringt (zum Beispiel durch Zinsen), sondern möglichst auch eine Wertsteigerung erfährt. Manche Investitionen zielen ausschließlich auf Wertsteigerung ab. Wir sprechen in solchen Fällen von Rendite. Wie viel Rendite bringt das eingesetzte Kapital?

Von Investitionen spricht man beispielsweise bei Aktien, Immobilien und Edelmetallen (Gold, Silber etc.). Du kaufst für einen bestimmten Preis ein und verkaufst vielleicht in einigen Jahren für einen sehr viel höheren Betrag. Während der Zeit, in der dein Geld investiert ist, bekommst du eventuell sogar regelmäßig etwas ausgezahlt, beispielsweise in Form von Mieten oder Dividenden (so nennt man die regelmäßige Auszahlung bei Aktien, die aufgrund von Firmengewinnen an Aktionäre ausgeschüttet wird). Der Gesamtbetrag, den du mit deinem Investment verdient hast, wird als Rendite bezeichnet.

Übrigens: Investieren kannst du auch Geld, das du dir zum Beispiel von der Bank leihst. Wenn du eine vermietete Wohnung kaufst, dann brauchst du das nicht mit deinem eigenen Geld zu machen. Du kannst einen Kredit bei der Bank zur Finanzierung aufnehmen. Wenn die Zinsen, die du an die Bank bezahlen musst, geringer sind als die Mieteinnahmen, dann erzielst du unter dem Strich schon vom ersten Tag an einen Gewinn.

Durch solche und ähnliche Investitionen kannst du dir nach und nach ein passives Einkommen aufbauen, also ein Einkommen, das fließt, ohne dass du dafür aktiv arbeiten musst. Natürlich musst du etwas Zeit investieren für die Verwaltung solcher Anlagen, aber du tauscht dann nicht mehr direkt deine Zeit gegen Geld.

Wenn du jetzt sagst, »Oh, das klingt aber alles kompliziert«, dann können wir dich beruhigen. Wir erklären dir all diese Dinge und Zusammenhänge noch ganz genau im Verlauf des Buches.

Sparen und Investieren sind die Grundlage für finanzielle Unabhängigkeit, Freiheit und Gelassenheit.

Noch ein paar Begriffserläuterungen:

- **Finanzielle Unabhängigkeit:** Du bist nicht mehr auf Einnahmen aus aktiver Tätigkeit angewiesen. All deine Kosten sind durch andere Einnahmequellen gedeckt (zum Beispiel Zinsen, Dividenden und Mieteinnahmen). Finanzielle Unabhängigkeit kannst du relativ schnell erreichen, indem du geringe Ausgaben hast und dir die ersten Einnahmequellen erschließt. Finanzielle Unabhängigkeit ist umso schneller und leichter erreichbar, je geringer dein Grundlebensstandard ist. (Beispiele: Reicht dir vielleicht eine kleine Wohnung in mittelmäßiger Lage oder muss es die große Wohnung in Toplage sein? Oder du kochst vielleicht häufiger zu Hause, anstatt regelmäßig essen zu gehen?) Je geringer deine Grundkosten durch Wohnen, Lebensmittel und sonstige Dinge sind, desto eher kannst du finanziell unabhängig sein. Finanzielle Unabhängigkeit kannst du bereits in den nächsten Jahren erreichen – dafür musst du nicht abwarten, bis du in Rente bist.

- **Finanzielle Freiheit:** Du hast nicht nur deine Grundkosten gedeckt, sondern kannst dir auch einen gewissen Lebensstandard und entsprechenden Konsum leisten. Über deine regelmäßigen Ausgaben und Lebenshaltungskosten hinaus hast du durch passives Einkommen Geld übrig für andere Dinge wie Urlaub, Freizeit, Konsum etc.

- **Finanzielle Gelassenheit:** Gelassen kannst du dann sein, wenn du keine Angst mehr vor Ausgaben hast. Solange dir eine unerwartete Rechnung große Sorgen bereitet oder du sogar Angst vor solchen Rechnungen hast, fehlt es dir an Gelassenheit. Wenn dein Einkommen oder deine Rücklagen hoch genug sind, dass du dir keine Sorgen um eventuelle Ausgaben machen musst, dann entsteht finanzielle Gelassenheit.

*Daniela: Geld ist Energie oder ein Mittel zum Zweck. Geld selbst ist weder gut noch schlecht. Es ist das, was du daraus machst. Nun möchtest du bestimmt wissen, wie wir das meinen.*

*Hast du schon mal vom Gesetz der Anziehung bzw. der self-fulfilling prophecy gehört? Du ziehst dir immer genau das ins Leben, woran du am meisten denkst. Wenn du Geldsorgen hast, bekommst du immer mehr von dem, wovor du Angst hast. Lebst du in einem Gefühl der (finanziellen) Fülle, bekommst du ebenfalls mehr davon. Du merkst schon, es geht nicht nur um das, was wirklich auf deinem Konto ist, sondern darum, wie du denkst und fühlst. Deine Gedanken sind (mit-)verantwortlich für deine Gefühle. Deine Gefühle sind entscheidend dafür, was du in deinem Leben erlebst und bekommst. Das mag spirituell klingen, aber so spirituell ist das gar nicht.*

**Du ziehst an, woran du denkst**

**Ein einfaches Beispiel dazu:** *Du gehst schlecht gelaunt in ein Geschäft. Wie werden die Menschen wohl auf dich reagieren? Könnte es sein, dass du Verkäufer als unfreundlich wahrnimmst? Und was ist, wenn sie nur ein Spiegel deiner Laune sind, weil sie auf dich und deine Stimmung reagieren? Und wie ist es umgekehrt? Was passiert, wenn du lachend und mit guter Laune in das gleiche Geschäft gehst? Wie wird der gleiche Verkäufer oder die gleiche Verkäuferin wohl dann auf dich reagieren?*

*Achte bitte auf deine Gedanken und Gefühle beim Thema Geld. Je negativer und sorgenvoller du das Thema betrachtest, desto mehr wirst du es genauso erleben.*

*Geld als solches ist weder gut noch schlecht. Achte bitte ab sofort auf deine Geld-Glaubenssätze. Vielleicht bist du auch mit solchen unsinnigen Sprüchen aufgewachsen wie »Geld verdirbt den Charakter«? Was für ein Blödsinn ist das denn bitte? Wie soll denn Geld das anstellen? Dann müsste es ja eine eigene Intention, ein eigenes Ziel verfolgen. Geld ist vielmehr ein Vergrößerungsglas des Charakters.*

*Mach dir bitte bewusst: Menschen mit Geld können Gutes damit tun, etwa indem sie es spenden. Menschen mit viel Geld können noch mehr Gutes damit tun. Wenn diese Menschen plötzlich sehr viel weniger Geld zur Verfügung haben, können sie auf finanzieller Basis auch weniger Gutes tun, sondern nur noch durch ihren Zeiteinsatz.*

*Andererseits kommen Menschen in Geldnot manchmal auf komische Gedanken, bis dahin, dass sie kriminell werden. Doch nicht jeder Mensch, der Geldnot hat, wird automatisch kriminell. Auf der anderen Seite sind manche Menschen kriminell, obwohl oder vielleicht auch weil sie viel Geld haben.*

*Geld als solches kann weder den Charakter verderben noch ihn verbessern. Es ist vielmehr so, dass Geldüberfluss und Geldmangel die vorhandenen Charaktermerkmale verstärken.*

*Auch andere Glaubenssätze zum Thema Geld darfst du gerne über Bord schmeißen, zum Beispiel dass du es dir hart erarbeiten muss. Es darf leicht gehen. Anleitungen hierzu findest du in diesem Buch.*

*Fakt ist, Geld ist oft nicht das Problem. Geld ist das Ergebnis, zum Beispiel deiner Einstellung zum Thema Geld. Aber auch davon, wie viel du dich mit dem Thema beschäftigst, wie viel Wissen du dir aneignest und wie konsequent du beim Thema Geld, Konsum, Sparen und Investieren bist. Geld ist lediglich der Spiegel deines Lebens, deiner Umstände, deiner Gedanken und vor allem deiner Gefühle. Deswegen werden wir dich in diesem Buch dabei unterstützen, dein Money-Mindset und auch dein Money-Feelset (also dein Denken und dein Gefühl zum Thema Geld) zu verändern für dein zukünftiges Leben in finanzieller Unabhängigkeit.*

*Und dann beginnt die wahre Magie: Durch eine gelassene und freie Haltung zum Geld und durch Angstfreiheit kannst du zu jedem Job »Nein« sagen und genau das machen, was dir Spaß macht. Folge deiner Freude, und das Geld wird irgendwann automatisch fließen. Das wiederum ist der erste Schritt zur finanziellen Freiheit, also einem Leben in finanzieller Fülle. Du magst jetzt vielleicht denken, »Aber was ist denn mit Schicksalsschlägen?«. Ja, Schicksalsschläge passieren. Sie tun weh und sie werfen uns manchmal ganz schön aus der Bahn. Auch finanziell. Dann gibt es Zeiten, in denen du für das reine Überleben erst einmal irgendeinen Job annehmen musst. Doch auch hier gilt: Deine innere Haltung bestimmt darüber, wie schnell du wieder auf die Beine kommst, auch finanziell. Worauf lenkst du deinen Blick? Auf den Mangel oder auf die Möglichkeiten, die sich dir erschließen? Manchmal ist der Weg etwas länger und beschwerlicher, aber es lohnt sich, diesen Weg zu gehen. Egal wo du gerade stehst, du hast die Chance, genau heute mit dem Umdenken zu beginnen, unabhängig von deinen Rahmenbedingungen. Alles beginnt mit der Entscheidung, etwas zu verändern, und mit einem ersten Schritt in Richtung Veränderung.*

**Folge deiner Freude, und das Geld wird irgendwann fließen**

Ein kleiner Disclaimer an dieser Stelle: Die Beispiele in diesem Buch dienen lediglich der Veranschaulichung und stellen keine konkrete Anlageberatung dar.

## So abhängig sind Frauen von ihren Partnern

Geld kann einem nicht nur finanzielle Unabhängigkeit von einem Job bieten, sondern auch von einem Partner. Wusstest du, dass Frauen in Österreich erst seit 1957 über ein eigenes Bankkonto verfügen dürfen? Und erst seit 1975 ist es Frauen erlaubt, ohne Zustimmung des Mannes arbeiten zu gehen. Das ist heute kaum vorstellbar, oder? Dabei ist das nur ein paar Jahrzehnte her.[1]

Zum Glück hat sich in der Zwischenzeit einiges getan, wodurch Frauen unabhängiger von ihrem Partner handeln können. Doch wie unabhängig sind weibliche Personen tatsächlich?

Eine Studie des UBS Global Wealth Management im Jahr 2019 hat ergeben, dass Frauen weltweit sich nach wie vor zu wenig um ihre Finanzen kümmern und noch immer das klassische Rollenbild herrscht. Besonders erschreckend ist, dass sich fast zwei Drittel (63 Prozent) der Millennial-Frauen finanziell komplett auf ihre Ehemänner verlassen. Nur bei 19 Prozent der Paare werden finanzielle Entscheidungen gemeinsam diskutiert. Dies führt leider häufig zu negativen Überraschungen nach der Trennung.

**Lateinamerikanische Frauen entscheiden häufiger über Finanzen**

Spannend ist auch, dass in Ländern wie Brasilien oder Mexiko Finanzen seltener nur vom Mann entschieden werden. Während 60 Prozent der deutschen Frauen ihre finanzielle Situation dem Ehepartner überlassen, sind es in Mexiko nur 39 Prozent und in Brasilien 45 Prozent.

Es gibt einige Gründe, die Frauen nennen, warum sie das Geldthema lieber ihrem Mann überlassen:

- mangelndes Interesse,
- der Glaube, dass der Ehepartner mehr über Finanzen wisse,
- Ehepartner, die sie davon abhielten, sich mit Geld zu beschäftigen,
- ein größeres Vermögen des Ehepartners.

Doch wie wir wissen, halten viele Ehen nicht ewig. 38 Prozent der getrennten Frauen gaben an, dass sie nicht gut genug auf die Trennung vorbereitet waren. Ungefähr die Hälfte der Frauen fand heraus, dass das Geld riskanter angelegt war, als sie dachten, oder dass bestimmte Geldsummen vom Gemeinschaftskonto genommen wurden. Zwei Drittel der Frauen empfehlen, gemeinsam über die finanzielle Situation zu entscheiden und einen Ehevertrag abzuschließen.[2]

Was heißt das jetzt für dich?

Nimm deine Finanzen in die eigenen Hände und verlasse dich nicht auf deinen Mann. Auch wenn es natürlich unromantisch ist, solltest du zumindest mal daran denken, dass es zu einer Trennung kommen könnte.

Das heißt natürlich nicht, dass du von vornherein pessimistisch an die Beziehung herangehst, sondern dass du im Fall, dass es nicht klappt, nicht den Boden unter den Füßen verlierst.

Dabei gibt es mehrere Themen, die ihr klären könnt:

- **Kontomodell:** Wohin gehen die Einnahmen und womit werden die Ausgaben bezahlt? Eine Möglichkeit bietet zum Beispiel das Drei-kontenmodell. Dabei gibt es ein gemeinsames Konto für gemein-same Ausgaben wie Miete, Strom etc. Zusätzlich hat jeder noch ein eigenes Konto, etwa für Kleidung, Hobby und Ähnliches.
- **Wer bezahlt wie viel?** Oft ist es so, dass Partner unterschiedlich viel verdienen. Je nachdem, ob auch noch Kinder im Spiel sind, solltet ihr klären, wer welche Kosten übernimmt. Wenn zum Beispiel eine Person deutlich weniger verdient oder sich um die Kinder kümmert, könnt ihr vereinbaren, dass die andere Person mehr Kosten übernimmt. Wichtig ist in erster Linie, dass ihr euch beide wohl und fair behandelt fühlt.
- **Ehevertrag:** Wenn ihr euch nicht an die gesetzlichen Regelungen einer Ehe halten möchtet, sondern individuelle Entscheidungen treffen wollt, solltet ihr euch um einen Ehevertrag kümmern. Diesen könnt ihr sowohl vor der Hochzeit als auch während der Ehe bei einem Notar aufsetzen lassen.
- **Versicherungen:** Weiter hat es Sinn, sich als Familie über zum Bei-spiel eine Risikolebensversicherung Gedanken zu machen. Diese dient der Absicherung des Lebenspartners, des Nachwuchses und ggf. der Bankdarlehen.[3]

# Über die Autorinnen und Generationenkonflikte

Valentina und Daniela sind zu sehr unterschiedlichen Zeiten aufgewachsen. Daniela ist Jahrgang 1972. Ihre Eltern sind Kriegskinder. Der Vater (geboren 1925) musste im Alter von 16 Jahren als Jugendsoldat in den Zweiten Weltkrieg ziehen und an der Front kämpfen. Die Mutter von Daniela ist Jahrgang 1936 und erlebte den Krieg als Kind.

Valentina ist Jahrgang 1997 und ihre Eltern sind älter als Daniela (Jahrgänge 1958 und 1959).

*Daniela: Ich bin in einer Zeit groß geworden, als es noch keine Handys und erst recht keine Smartphones gab. So was wie Bildtelefone gab es nur in Science-Fiction-Serien und es war für uns unvorstellbar, dass man sich während des Sprechens sogar sehen könnte. Es gab lediglich drei Fernsehprogramme, außer du wohntest nahe an der Grenze zur DDR. Dann konntest du die zwei Programme vom DDR-Fernsehen empfangen. Wir spielten viel draußen und unsere Eltern mussten einfach darauf vertrauen, dass wir irgendwann wieder auftauchten. Verabredet haben wir uns, indem wir einfach bei unseren Freunden an der Haustür klingelten und fragten:* »Hast du Zeit?« *Ich erinnere mich noch an mein erstes Taschengeld. Es war eine Mark pro Woche. Ich konnte zwei Wochen lang sparen und mir dann auf dem Markt eine Schlumpf-Figur kaufen, die ich leidenschaftlich gerne sammelte. Später habe ich angefangen, meine Mark zu sparen. Meine Mutter erzählte mir, dass ich diese Mark immer direkt in den Spartopf steckte. Und wenn dann der Eiswagen vorbeikam, schaute ich sie mit großen Augen an und fragte, ob ich ein Eis haben könne. Sie verwies auf mein Taschengeld ... doch das war ja weg ... im Spartopf. Das überzeugte meine Mutter dann doch und ich bekam das Geld für eine Eiskugel. Damals waren physische Sparbücher total normal und ich hatte ein Kindersparbuch, auf das ich selbst einzahlen und das Geld wieder abholen konnte. Alle paar Wochen rannte ich zur Bank, um mein Erspartes auf mein* »Goldi-Sparbuch« *(so hieß das und es hatte als Bild einen Goldhamster vorne drauf) einzuzahlen. Ich war so stolz, als ich das erste Mal 100 D-Mark erreicht hatte. Zu dem Zeitpunkt war ich neun oder zehn Jahre alt.*

**Valentina:** *Auch in meiner Kindheit gab es noch keine Smartphones. Mein erstes Handy habe ich zu meinem achten Geburtstag geschenkt bekommen, da war ich in der Grundschule. Mein erstes Smartphone mit Touchscreen dann erst im Gymnasium. Grundsätzlich habe ich als Kind alles bekommen, was ich mir gewünscht habe. Dennoch habe ich von klein auf gelernt, dass man auch behutsam mit seinem Geld umgehen sollte und wie man Geld sparen kann. Auch ich habe viele Jahre am Weltspartag stolz meinen Sparfuchs zur Bank gebracht und mich über die angesparte Summe gefreut. Relativ früh habe ich statt materieller Geschenke Geld zum Geburtstag und zu Weihnachten bekommen. Meine Familie fand es sinnvoller, dass ich mir selbst aussuchen konnte, wie ich das Geld verwendete, als mir etwas zu kaufen, das mir vielleicht gar nicht gefiel. Da ich oft aber gar keinen Wunsch hatte, legte ich eigentlich von Anfang an immer den Großteil des Geldes zur Seite. Hin und wieder habe ich auf einen Gegenstand gespart. Doch als ich das Geld dafür hatte, wollte ich es oft gar nicht mehr gegen die Sache tauschen. Vieles, was einst ein Sparziel war, wollte ich gar nicht mehr haben, als ich es mir leisten konnte. Schon früh merkte ich aber, dass es viele Vorteile hat, wenn man immer ein bisschen Geld auf der Seite hat. Es macht einen flexibler und unabhängiger. Deshalb sparte ich weiter, auch wenn es nichts mehr gab, worauf ich konkret sparte. Erst vor ein paar Jahren bemerkte ich dann, dass man nicht nur auf materielle Gegenstände sparen kann, sondern auch für die eigene finanzielle Unabhängigkeit. Geld ermöglicht es, sich nicht nur Dinge, sondern auch mehr Freiheit zu kaufen. Indem man es investiert, kann man sich beispielsweise ein passives Einkommen durch Dividenden aufbauen. So wird Geld zu einem Mittel für mehr Unabhängigkeit. Ich war fasziniert!*

Finanzielle Bildung ist heutzutage sehr einfach zu erlangen. Die sozialen Medien, YouTube und Co. machen es leicht, sich jegliches Wissen anzueignen. Das gab es in der Jugend von Daniela alles noch nicht. Und dennoch stellen sich viele junge Menschen die Frage: Wie fange ich überhaupt an? Vor allem, wenn das Wissen vielleicht auch bei den Eltern fehlt und diese zwar gerne unterstützen wollen, aber selbst nicht genau wissen, wie.

Daniela hat es häufig in ihrem Freundeskreis erlebt, dass die Eltern bei ihr Rat für ihre Kinder suchten. Und so ist eben auch diese Buchidee entstanden.

Damit du einen kleinen Einblick über die Generationen und deren Einteilung erhältst, lass uns hier einen kurzen Exkurs machen. Er soll dir helfen, die »Alten« ein wenig besser zu verstehen, denn die denken einfach anders. Wie schön wäre es, wenn zukünftig nicht nur die Jüngeren von den Älteren, sondern auch die Älteren von den Jüngeren lernen dürften, denn die junge Generation tickt anders. Und das ist auch gut so!

Kommen wir zu unserem kleinen Exkurs der Generationeneinteilung. Daniela ist aus der sogenannten Generation X, Valentina aus der Generation Z (kurz Gen X und Gen Z). Wir sind mit sehr unterschiedlichen Haltungen zum Thema Konsum und Geld aufgewachsen.

Die Einteilung im Überblick:

- Babyboomer: Geburtsjahrgänge zwischen 1946 und 1965
- Generation X: geboren zwischen 1966 und 1980
- Generation Y (auch Millennials genannt): geboren ab 1981 bis 1995/1999 (hier gibt es unterschiedliche Zuordnungen)
- Generation Z: geboren ab 1996 bzw. ab 2000 (je nach Zuordnung) bis 2010

Die folgende Beschreibung ist nur ein kurzer Überblick und soll dem besseren gegenseitigen Verstehen dienen.

### Die Babyboomer

Diese Generation hat Deutschland nach dem Zweiten Weltkrieg wieder aufgebaut. Es sind die sogenannten geburtenstarken Jahrgänge. Diejenigen, die Ende der 1950er-Jahre bis 1965 geboren wurden, sind heute in den gehobenen Positionen in Unternehmen zu finden. Sie sind quasi die Platzhirsche mit viel Erfahrung. Sie können die Einstellung der Generation Z häufig so ganz und gar nicht verstehen, in vielen Fällen könnten diese sogar ihre Enkel sein.

### Die Generation X

Diese Generation wurde aufgezogen von Eltern, die den Krieg noch erlebt haben oder zumindest in der Nachkriegszeit geboren wurden. Diese Generation genießt oft den aufgebauten Wohlstand, denn in der eigenen Kindheit war so manches noch recht knapp bemessen. Charakterisiert werden kann diese Generation durch ihre ausgeprägte Leistungsbereitschaft und ein starkes Konsumverhalten. Diese Generation legt viel Wert auf Status, weswegen sie auch Generation Golf oder Generation Volkswagen genannt wird. Gleichzeitig ist sie aber auch so etwas wie eine »lost generation«, also eine verlorene Generation. In ihrer Jugend gab es den Kalten Krieg, es gab massive Sorgen über das Waldsterben und diverse Kriege tobten in der Welt. Heute gibt es wieder eine ähnliche Unsicherheit unter jungen Menschen.

*Daniela: Ich selbst habe 1992 Abitur gemacht und zu diesem Zeitpunkt war die »No-Future-Denke« riesengroß. Es gab sogar »No-Future-Konzerte«, in denen unsere Generation um Hilfe rief! Wir hatten Angst, große Angst. Angst davor, dass unsere Welt zerstört wird oder sogar untergeht durch all die Kriege und Katastrophen. Wir fragten uns, ob es überhaupt noch Sinn hat, sich für das Abitur anzustrengen, denn vielleicht würden wir alle gar nicht mehr lange leben ...«*

### Die Generation Y / die Millennials

Sie ist ständig auf der Suche nach dem Sinn des Lebens! Die »Generation Me« kennzeichnet das Streben nach Freiheit und Selbstbestimmung, verbunden mit einer verstärkten Selbstdarstellung über soziale Netzwerke. Weiterhin ist diese Generation gekennzeichnet durch »always on« – immer erreichbar, ständig mit anderen verbunden. Eine Abgrenzung von Arbeit und Privatleben gibt es kaum. Diese Generation will etwas erreichen und bewirken. Gleichzeitig sind diese Menschen oft Burnout-gefährdet, weil sie die eigenen Grenzen nicht sehen.

Die Generationen Babyboomer, X und Y unterscheiden sich massiv von der jungen Generation Z. Diese ist von den Einstellungen, Werten, Träumen und Lebenszielen her eine ganz neue Generation. Deswegen wird sie von den anderen Generationen oft nicht verstanden.

### Die Generation Z

Die Gen Z ist anders. In einigen Lebenseinstellungen und in ihren Einstellungen zum Thema Job und Karriere. Nur teilweise knüpfen die jungen Leute an die traditionellen Werte der Babyboomer und der Generation X an, zum Beispiel das klassische Eigenheim, die Ehe, eine stabile Familie, eine solide Ausbildung, ein sicherer Job – danach sehnt sich die Generation Z im Gegensatz zur Generation Y sehr. Sie wollen Stabilität, Planbarkeit und viel Freizeit. In anderen Punkten unterscheiden sie sich jedoch sehr von ihrer Eltern- und Großelterngeneration. An oberster Stelle steht bei der Generation Z in vielen Fällen nicht die Arbeit oder eine steile Karriere, sondern Zeit für die Familie, persönliche Freiheit, Selbstverwirklichung und vor allem der Spaß am Leben. Während sich die Generationen X und Y flexible Arbeitszeiten erkämpft haben, will die Generation Z häufig fest planbare Arbeitszeiten haben. Die Vorstellung einer 40-Stunden-Woche stresst sie sehr. Sie hätten viel lieber die 25- bis 30-Stunden-Woche, das aber bitte mit einem Gehalt, das die vielen Freizeitaktivitäten gut finanzieren kann. Das stößt bei den Älteren teilweise auf Unverständnis.

## Soziologen erachten vor allem folgende Merkmale als »typisch« für die Generation Z:

- optimistischer Blick in die Zukunft,
- Gelassenheit bezüglich Karriere, Jobwechsel & Co,
- Streben nach immateriellen Gütern,
- Suche nach einem Sinn in der Arbeit,
- (auch) berufliche Nutzung von sozialen Netzwerken,
- Weltoffenheit,
- Angst vor (Geschlechter-)Diskriminierung,
- Job muss zur Persönlichkeit passen,
- Wunsch nach persönlicher Weiterentwicklung – auch im Beruf,
- Suche nach (beruflicher) Selbstständigkeit.

# Das Geld-Zeit-Gefängnis[4]

»Was haben Geld und Zeit gemeinsam? Beides ist messbar und beides hat für jeden einen anderen Wert. So hat der Manager eines Konzerns wahrscheinlich jede Menge Geld, aber auf der anderen Seite sehr wenig Zeit für private Interessen. Jemand, der arbeitslos ist, hat vielleicht eine Menge Zeit, aber wahrscheinlich wenig Geld, um sich seine Zeit mit teuren Freizeitbeschäftigungen zu vertreiben.«[5]

Finanzielle Freiheit bedeutet für die meisten Menschen, dass von beidem genug da ist: Zeit, um all die Dinge zu machen, die einem Freude bringen, und Geld, um das alles auch bezahlen zu können. Doch in vielen Fällen gilt: Eines von beidem ist knapp. Geld oder Zeit.

Besonders dramatisch wird es, wenn beides knapp wird. Das passiert insbesondere dann, wenn du hohe laufende Kosten hast und zu wenig Einnahmen. Jede monatliche Verpflichtung macht dich etwas unfreier und führt dich tiefer in das Geld-Zeit-Gefängnis, wenn du nicht schon jede Menge Rücklagen hast. Das gilt vor allem für Verpflichtungen, die du langfristig eingehst, wie zum Beispiel Kreditverträge.

**Viele Pflichtausgaben – wenig Freiheit**

»Warum?«, fragst du dich jetzt vielleicht. Das erläutern wir dir gerne anhand eines einfachen Beispiels.

*Mal angenommen, du hast folgende Lebenssituation:*

- *Du hast einen super bezahlten Job, der dich zwar langweilt, aber dir so viel Geld einbringt, dass du dir einen entsprechenden Lebensstandard leisten kannst.*
- *Du zahlst einen hohen monatlichen Betrag für deine Traumwohnung (Miete oder Kreditrate).*
- *Weiterhin hast du dir dein Traumauto gegönnt und zahlst es monatlich mit einer entsprechend hohen Rate ab.*

Das ist übrigens ein Lebensmodell, das durchaus weit verbreitet ist. Doch was passiert, wenn dich dein Job irgendwann mal so sehr langweilt, dass du überhaupt keine Lust mehr darauf hast? Was ist, wenn du dich vielleicht sogar selbstständig machen möchtest? Je mehr finanzielle Verpflichtungen du hast, desto schwieriger wird es sein, den Absprung zu schaffen. Durch die monatlichen Pflichtausgaben hast du von vornherein einen Riesendruck, dass du entsprechend hohe Einnahme erzielen musst. Der Sprung in einen anderen Job oder in die Selbstständigkeit ist also um einiges schwieriger.

Weiterhin bleibt dir mit jeder monatlichen Zahlungsverpflichtung weniger Geld übrig, um dir eventuell etwas außer der Reihe zu gönnen, zum Beispiel einen besonderen Urlaub oder ein Hobby, das etwas kostspieliger ist. Manch einer muss erst einmal einen Nebenjob annehmen, um sich so etwas zu leisten. Doch mit einem Nebenjob bindest du noch mehr Zeit.

Im Extremfall wirst du Sklave des Geldes, weil du viel arbeiten musst und wenig Zeit für die wesentlichen Dinge im Leben hast. Deswegen setze dir Prioritäten. Was ist dir wirklich wichtig?

Wie viele Glücksmomente beschert dir das, wofür du dich finanziell verpflichtest, tatsächlich? Wann tritt der Gewöhnungseffekt ein? Wie lange hält das Glücksgefühl wirklich an? Wie frei möchtest du sein?

# Wofür brauchst du Geld?

## Konsum

»Von dem Geld, das wir nicht haben, kaufen wir Dinge, die wir nicht brauchen, um Leuten zu imponieren, die wir nicht mögen.« – So lautet ein Zitat aus dem Film *Fightclub*, der auf unsere Konsumgesellschaft hindeuten soll. Immer mehr, immer teurer, immer luxuriöser. Gerade unter jungen Menschen werden oft Gegenstände gekauft, um dazuzugehören. Wie heißt es so schön? Du bist die Summe der fünf Personen, die dir am nächsten sind. Wenn shoppen das Lieblingshobby Nummer eins deiner Freunde ist, so ist die Wahrscheinlichkeit groß, dass du auch viel Zeit damit verbringst. Trägt in deiner Clique jeder Markenklamotten? Dann willst du vielleicht auch dazugehören. Dabei hat unser Konsumverhalten nicht nur Auswirkungen auf uns und unsere Geldtasche, sondern auch auf den Planeten und auf unsere Zeit. Die Zeit, die du mit shoppen verbringst, könntest du auch für etwas anderes nutzen. Materieller Besitz geht mit Verpflichtungen einher und zieht häufig weiteren Konsum nach sich.

*Beispiel: Angenommen, du gehst durch den Elektronikfachhandel und entdeckst, dass wieder ein neuer Fernseher auf den Markt gekommen ist. Noch größerer und flacherer Bildschirm sowie bessere Auflösung. Obwohl du noch ein voll funktionsfähiges TV-Gerät zu Hause hast, schlägst du zu. Doch beim Aufstellen daheim bemerkst du, dass der Fernseher doch ein bisschen zu groß für dein Wohnzimmer ist. Dabei hat er im Fachhandel doch gar nicht so riesig ausgesehen. Schließlich entscheidest du dich, ihn gegen einen etwas kleineren auszutauschen. Nun musst du also wieder Zeit für den Umtausch aufwenden. Da du deinen Fernseher aber nicht auf den Boden stellen möchtest und das alte TV-Schränkchen zu klein für das neue Prachtexemplar ist, muss eine neue Lösung her. Du beschließt, den Fernseher an der Wand anbringen zu lassen! Da du das jedoch nicht selbst kannst, bist du auf einen Handwerker angewiesen. Auch hierfür geht wieder Geld drauf. Außerdem musst du dir für die Montage extra einen Tag Urlaub nehmen, den du sonst vielleicht entspannt mit deinen Liebsten am See hättest verbringen können.*

Doch das ist noch nicht alles. Wenn der Fernseher kaputt ist, musst du dich um eine Reparatur kümmern. Und auch bei diesem Zeitaufwand bleibt es nicht. Die meiste Zeit geht natürlich für das Fernsehen an sich drauf. Wusstest du, dass Deutsche 2021 im Schnitt etwa 213 Minuten pro Tag fernschauten? Das sind fast vier Stunden täglich![6]

Es geht gar nicht darum, nichts mehr zu kaufen, sondern seine Käufe bewusst zu hinterfragen. Es ist natürlich vollkommen in Ordnung, sich Dinge zu kaufen. Was wir damit sagen möchten, ist: Es kommt darauf an, warum du konsumierst.

**Es kommt darauf an, warum du konsumierst**

Greifst du zu den teuren Markenshirts, weil du das möchtest oder um in deinem Freundeskreis dazuzugehören? Natürlich mögen wir uns oft nicht eingestehen, dass wir solche Käufe nur tätigen, um anderen zu gefallen. Dennoch lohnt es sich, die Frage zu stellen, ob man genauso handeln würde, wenn man zum Beispiel auf einer einsamen Insel lebte.

Ähnlich ist es beim Alkohol. Auch hier wird man leicht ausgeschlossen, wenn man nichts trinkt. Wie oft ist es Valentina schon passiert, dass sie sich rechtfertigen musste, warum sie alkoholfreie Getränke bevorzugt. Passt man sein Trinkverhalten nicht an, wird man leicht zum Außenseiter oder zur angeblichen Spaßbremse: »Ach, trink doch auch was!«, »Warum bist du so langweilig?« Dass man keinen Alkohol trinkt, weil er nicht schmeckt, man ihn nicht verträgt oder man keinen Kontrollverlust erleiden möchte – all das wird häufig nicht toleriert.

Legen deine Freunde viel Wert auf Luxus, teure Autos oder häufige Restaurantbesuche? Daran ist im Prinzip nichts verwerflich. Wenn das jedoch nicht deinen Interessen entspricht und du lieber mehr Geld sparen möchtest, kann es häufiger zu Konfliktsituationen führen. Vielleicht bist du im Zwiespalt, weil du einerseits dabei sein willst, andererseits merkst, dass du gerne einen anderen Lebensstil verfolgen möchtest.

Überlege dir gut, welchen Einfluss dein Umfeld auf dich hat. Geht es nur um oberflächliche Themen? Wirst du ausgeschlossen, wenn du nicht die neuesten Klamotten trägst oder dich Wochenende für Wochenende betrinkst? Geht es mehr um den Schein als ums Sein? Falls ja, solltest du dir ernsthaft darüber Gedanken machen, ob das echte Freunde sind und wie viel Zeit du mit ihnen verbringen möchtest. Natürlich musst du nicht direkt Freundschaften kündigen, du könntest den Kontakt auch erst einmal etwas reduzieren und nach neuen Freunden Ausschau halten. Inzwischen gibt es auch einige Apps, wie zum Beispiel Bumble, oder Facebook-Gruppen, über die du Gleichgesinnte finden kannst. Ein unterstützendes Umfeld aus Personen, die nur das Beste für einen wollen, ist extrem viel wert.

Anstatt Geld nur für Konsum auszugeben, kannst du jedoch auch Miteigentum an einem Unternehmen erwerben und so selbst vom Konsum profitieren, zum Beispiel indem du Aktien kaufst. Doch dazu später mehr!

## Urlaub, große Reisen, digitales Nomadentum

Wenn man sich auf Social Media umsieht, überkommt einen schnell das Gefühl, dass jeder schon mal auf Weltreise war oder gerade ist. Auch Valentinas Motto lautet »Collect moments, not things«. Einfach weil sie im Laufe der letzten Jahre gemerkt hat, dass Erlebnisse das sind, was ihr Leben wirklich bereichert. Sie erinnert sich nicht an das 50. T-Shirt zurück, das sie in ihrer Shoppingphase gekauft hat, sondern an die schönen Wanderungen, die meist fast nichts gekostet haben. Auch wenn sie gemerkt hat, dass sie gar nicht unbedingt weit wegfahren oder -fliegen muss, um es schön zu haben, so gibt sie dennoch gerne Geld für Reisen aus. Laut einer Umfrage des Meinungsforschungsinstituts TNS Emnid geben etwa 50 Prozent der jungen Menschen ihr erstes Gehalt auch für Urlaub aus. Bei den Frauen sind es sogar über 50 Prozent, während nur 40 Prozent der Männer von ihrem ersten Gehalt ihren Urlaub bezahlen.[7]

> **Der Dispo ist für Notfälle, nicht für Urlaube**

Laut einer Befragung gaben Deutsche im Schnitt 1352 Euro pro Person für ihren jüngsten Haupturlaub aus. Pro Haushalt entsprach das durchschnittlich 4251 Euro.[8] Aber wusstest du, dass fast 20 Prozent der Deutschen ihren Urlaub über einen Dispo-Kredit bezahlen? In der Umfrage gaben auch 4 Prozent an, dafür einen Ratenkredit aufzunehmen. 7 Prozent der befragten Personen wollten mit dem Dispo die gesamten Urlaubsausgaben bezahlen, 10 Prozent einen Teil der Reise. Über ein Drittel der Dispo-Nutzer überzieht sein Konto mit mehr als 1000 Euro, fast jeder Vierte mit mehr als 1500 Euro.[9]

Was vielen allerdings wahrscheinlich nicht bewusst ist, sind die hohen Kosten, die bei einem Dispo-Kredit anfallen. Die Zinsen liegen zum Teil bei über 10 Prozent. Und je länger das Konto im Minus ist, desto höher werden die Kosten. Deshalb sollte man den Dispo nur für absolute Notfälle und über kurze Zeit nutzen – Urlaube gehören eigentlich nicht dazu.

Laut einer Umfrage sind Bade- und Sonnenurlaube unter den Deutschen am beliebtesten. Gerade jetzt, wo es die pandemische Situation erlaubt, wieder mehr zu verreisen, sind gefühlt alle Feuer und Flamme dafür.

Dadurch, dass immer mehr Firmen Homeoffice gestatten, werden auch sogenannte Workations in der jungen Generation immer beliebter. Dabei handelt es sich um eine Kombination aus Urlaub und Arbeit. Man entscheidet sich dafür, wegzufahren oder zu fliegen und nicht wie sonst im Büro oder von zu Hause aus zu arbeiten. Stattdessen verlegt man seinen Arbeitsplatz beispielsweise in ein anderes Land und arbeitet nur vormittags und verbringt den Nachmittag am Strand oder Pool.

**Workations – Arbeit und Urlaub verbinden**

Seit ein paar Jahren ist das »digitale Nomadentum« zum absoluten Traumleben vieler geworden. Unter digitalen Nomaden versteht man Unternehmerinnen, Freelancer oder seltener auch angestellte Personen, die vor allem online arbeiten. Dadurch, dass sie für ihre Arbeit oft nur Handy, Laptop und eine stabile Internetverbindung brauchen, können sie von überall arbeiten. Diese Flexibilität führt dazu, dass sich viele aus Deutschland oder Österreich verabschieden und zum Beispiel in einen Van ziehen. Ihr Alltag besteht daraus, um die Welt zu reisen und gleichzeitig zu arbeiten. Zwar kostet ein eigener ausgebauter Campingvan nicht gerade wenig, aber dafür sparen sich sogenannte »Vanlifer« die Miete.

Aber auch wenn man nicht gerade in einem Auto wohnt, kann man als digitaler Nomade viel Geld sparen, indem man in günstigeren Ländern lebt. Die Lebenshaltungskosten auf Bali sind beispielsweise viel geringer als in Deutschland, beziehungsweise man bekommt für dieselben Ausgaben oft mehr Leistung. Hinzu kommt, dass Steuersysteme im Ausland oft attraktiver sind, sodass vom Bruttogehalt mehr übrig bleibt.

## Digitale Nomaden, Workation & Vanlife

 **Digitale Nomaden:** Arbeiteen digital und leben ortsunabhängig

 **Workation:** Kombination aus Arbeit (Work) und Urlaub (Vacation)

 **Vanlife:** Leben im Auto bzw. Wohnwagen

## 30 Spartipps zum Reisen:

Natürlich muss man nicht gleich auswandern. Hier folgen noch
30 Tipps, wie ihr auf euren Reisen Geld sparen könnt:

1. Besonders früh oder last minute buchen
2. Die Hauptsaison vermeiden
3. Flugpreise vergleichen
4. FlixBus nutzen
5. Flüge fünf bis sechs Monate im Voraus buchen
6. Dienstags sind Flüge am günstigsten
7. Flugmeilen sammeln
8. Airbnb statt Hotels
9. Free Walking Tours
10. Stornierte Reisen abkaufen
11. Selbst kochen statt essen gehen
12. Touristenhotspots beim Essen vermeiden
13. Mehrere Abflugorte überprüfen
14. Hotel und Anreise separat buchen
15. Früh anreisen, spät abreisen und so Übernachtungskosten sparen
16. Günstigere Reiseziele auswählen
17. Beim Packen nichts vergessen
18. Nicht zu viel einpacken, um kein Übergepäck zahlen zu müssen
19. Prepaidkarte für Telefonieren und Internet

20. Kostenlosen Eintritt bei Museen an bestimmten Tagen nutzen
21. Linienbus als Sightseeingtour
22. Immer eine Flasche Wasser und Snacks dabeihaben
23. Keinen Kredit für den Urlaub aufnehmen
24. Impulskäufe vermeiden
25. Keine unnötigen Souvenirs kaufen, sondern stattdessen zum Beispiel Muscheln am Strand als Mitbringsel sammeln oder Postkarten aus Fotos machen und verschicken
26. Mit Bus statt Taxi zum Flughafen
27. Separates Reisekonto führen
28. Ausflüge auf eigene Faust machen
29. Ausgaben notieren
30. In der Landeswährung bezahlen

## Die eigene Wohnung

*Valentina: Mit 21, fast 22 Jahren bin ich von zu Hause ausgezogen und ich muss sagen, eine eigene Wohnung einzurichten, ist wirklich total aufregend. Dennoch kann es auch schnell passieren, dass man im Rausch der Begeisterung ein bisschen zu viel Geld ausgibt. Hier ist die Gefahr, dass man in die Lifestyle-Inflation tappt, ziemlich groß.*

Frag dich deshalb zuerst, ob nicht auch Alternativen zu einer eigenen Wohnung für dich infrage kämen, also zum Beispiel ein WG-Zimmer oder ein Studentenheim. Hier sind die Mieten oft geringer und du kannst weitere Kosten sparen, wenn Internet- oder Rundfunkgebühren geteilt werden. Andernfalls könntest du auch selbst eine größere Wohnung nehmen und diese zu einer WG machen.

Gerade auf Social Media findet man viele Inspirationen zu Einrichtungsmöglichkeiten – doch neue Möbel können ziemlich teuer sein. Ein Blick auf eBay-Kleinanzeigen oder andere Secondhand-Plattformen kann sich lohnen – viele Möbel werden sogar verschenkt!

So hat Valentina einen Teil ihrer Einrichtung komplett kostenlos erhalten und gleichzeitig den schönen Gegenständen ein neues Leben geschenkt.

Bevor du ausziehst, solltest du unbedingt ausmisten und Ungenutztes verkaufen und zu Geld machen. Das hat außerdem den Vorteil, dass du dir Arbeit beim Umzug sparst.

Welche Funktionen erfüllen deine Möbel?

Außerdem kannst du dich fragen, welche Funktionen deine Möbelstücke übernehmen sollen. Wir nennen das auch gerne »funktionsgewichtete Ausgaben«. Teile deine gewünschten Möbelstücke in Kategorien mit unterschiedlich hohen Ansprüchen ein. Kleines Beispiel: Die Hauptaufgabe eines Regals oder Schranks ist, stabil zu stehen, Dinge aufzubewahren und im besten Fall auch noch hübsch auszusehen. Mehr wünschst du dir davon wahrscheinlich nicht und diese Funktionen sind vermutlich relativ einfach erfüllbar. Anders sieht es hingegen bei einem Bett oder einer Couch aus. Diese sollen dir einen guten Schlaf ermöglichen beziehungsweise bequem sein. Dementsprechend ist es sinnvoller, die Ausgaben auf Bett und Couch zu fokussieren und bei einem Regal zum Beispiel auf eine günstigere oder Secondhand-Alternative zurückzugreifen.

Die Kategorie, an die wir Autorinnen die meisten funktionalen Ansprüche haben, ist Technik. Wir nutzen unser Handy und den Laptop täglich mehrere Stunden und arbeiten damit – da ist es uns wichtig, dass alles reibungslos funktioniert. Deshalb sind wir hier auch bereit, mehr Geld auszugeben. Aber auch technische Geräte lassen sich heute super refurbished kaufen.

Valentina: *Einen Tipp, den ich mir rückblickend geben würde: Lass dir Zeit beim Einrichten. In meiner Begeisterung habe ich einige Sachen gekauft, die sich hinterher als unnötig herausstellten – dazu zählten beispielsweise eine Halterung im Badezimmer sowie Tischsets. Warte ab, ob du die Dinge wirklich brauchst – kaufen kannst du sie immer noch.*

## Das eigene Auto

Valentina: *Ich kann mich gut erinnern, wie ich auf meinen 18. Geburtstag hingefiebert habe. Endlich volljährig, Führerschein machen und dann ein eigenes Auto haben! Gespart habe ich auf einen Fiat 500 – das war mein Traumauto! Schließlich habe ich den Führerschein gemacht, doch mich dann gegen ein eigenes Auto entschieden. Aber wie kam es dazu?*

*Zum einen hat mir Autofahren nicht sonderlich viel Spaß gemacht –
auf der Autobahn oder der Landstraße war es okay, doch der Stadtverkehr
hat mich sehr gestresst. Zum anderen blieb ich weiterhin daheim wohnen
und realisierte, dass ich wirklich kein Auto brauchte. Die Anbindungen
mit den öffentlichen Verkehrsmitteln waren gut und ich sparte mir nicht
nur den Stress beim Einparken, sondern auch viel Geld. So entschied ich
mich, das angesparte Geld nicht für ein Auto auszugeben, sondern weiter
zu sparen.*

Als autolose Person ist Valentina allerdings in der Minderheit.[10] Tatsächlich
besitzen deutsche Haushalte im Durchschnitt sogar mehr als ein Auto. Natürlich gibt es Situationen, in denen man nicht um ein Auto herumkommt.
Zum Beispiel wenn man auf dem Land lebt oder aufgrund seines Jobs darauf angewiesen ist. Eines wird aber extrem unterschätzt: und zwar die Kosten. Bei einer Umfrage wurden Deutsche nach den geschätzten Kosten ihres
Autos befragt – die durchschnittlichen Schätzungen lagen bei 204 Euro pro
Monat. Die Realität sieht jedoch leider anders aus: Im Schnitt geben Deutsche 425 Euro monatlich für ihren Pkw aus – also mehr als das Doppelte![11]

Ein Auto kann viel Komfort und Unabhängigkeit bieten und gerade,
wenn man auf dem Land wohnt, gilt es als unverzichtbar. Aber überleg mal,
wie viele Stunden du für dein Auto arbeitest.

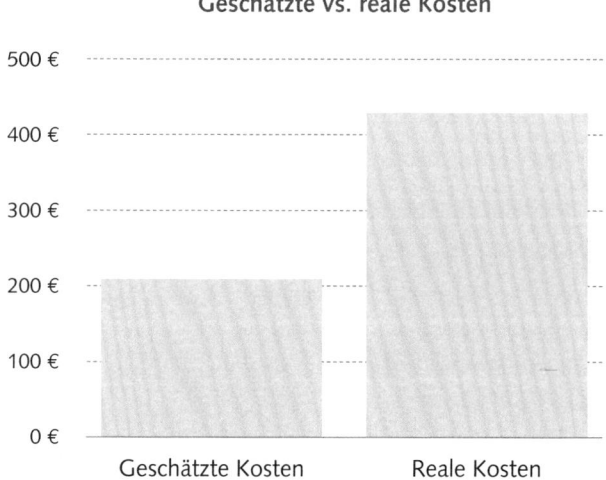

**Geschätzte vs. reale Kosten**

Angenommen, du verdienst 14 Euro netto pro Stunde – dann arbeitest du 30 Stunden pro Monat für deinen Pkw. Das ist fast ein Viertel des Monats! Passend dazu wurde das Konzept der effektiven Geschwindigkeit entwickelt. Dabei wird die Geschwindigkeit von Autos mit der anderer Verkehrsmittel wie zum Beispiel Fahrrädern verglichen.

**Konzept der effektiven Geschwindigkeit – alle Mobilitätskosten fließen ein**

Natürlich kann man mit einem Fahrrad nicht so hohe Geschwindigkeiten erreichen wie mit einem Mercedes. Doch wie sieht es aus, wenn man die Geschwindigkeit ins Verhältnis zu den Kosten setzt? Während man lange arbeiten muss, um sich ein Auto und dessen Unterhalt leisten zu können, sind diese Kosten beim Fahrrad viel geringer. Das Konzept der effektiven Geschwindigkeit berücksichtigt nicht nur die Fahrzeit, sondern die gesamte Zeit, die für die Mobilität aufgewandt wird, also auch die Arbeitsstunden.[12]

Doch welche Alternativen gibt es?

### Öffentliche Verkehrsmittel

Das 9-Euro-Ticket wurde im Sommer 2022 eingeführt, um den Straßenverkehr sowie das Klima zu entlasten. Auch in Österreich wurde ein Klimaticket[13] eingeführt, das öffentliche Verkehrsmittel attraktiver machen soll. So zahlt Valentina auf den Monat heruntergerechnet 58 Euro und kann in ganz Österreich herumfahren. Für 58 Euro würde sie in der Stadt, in der sie wohnt, nicht mal einen Tiefgaragenparkplatz bekommen – ganz abgesehen von den ganzen anderen Kosten, die ein Auto mit sich bringt.[14]

### Nah am Arbeitsplatz oder Ausbildungsort wohnen

Bei einer wohnortnahen Arbeitsstelle sparst du nicht nur Geld, sondern auch Zeit. Laut einer Statistik pendeln 22 Prozent der Deutschen 30 bis 60 Minuten pro Strecke, 5 Prozent sogar über eine Stunde.

### Carsharing und Mitfahrgelegenheiten

Wenn du das Auto nur selten brauchst, könntest du auf Carsharing-Anbieter zurückgreifen. Auf Facebook gibt es verschiedene Gruppen, in denen du nach Fahrgemeinschaften suchen kannst. So können alle Beteiligten etwas Geld sparen, die Umwelt wird entlastet und vielleicht ergeben sich dadurch auch nette Gespräche und Bekanntschaften.

# Auszeit, Auslandsaufenthalt etc.

Auslandsaufenthalte sowie Sabbaticals werden immer beliebter. Doch wie kann man es sich leisten, eine Zeit im Ausland zu verbringen oder sich gar ein Jahr von der Arbeit zu distanzieren?

Grundsätzlich ist es sinnvoll, sich von Anfang an einen Überblick über die Kosten zu verschaffen, die auf einen zukommen werden. Im ersten Moment kann die Summe zwar unbezahlbar wirken. Doch es gibt einige Möglichkeiten, wie du dir deinen Traum dennoch erfüllen kannst.

Du solltest dir die Frage stellen, ob du in erster Linie reisen und Urlaub machen möchtest oder ob eine Tätigkeit für dich infrage käme. Wenn du auf der Reise nicht arbeiten möchtest, musst du im Vorhinein mehr Geld ansparen.

## Checkliste für mögliche Ausgaben:

- Reisepass
- Impfungen
- Visa
- Versicherungen
- Flüge
- Unterkunft
- Sprachkurse

### Work & Travel

Eine beliebte Möglichkeit, um ins Ausland zu gehen, ist Work & Travel. Hierbei nutzt du Gelegenheitsjobs, um dir die Reise durch ein Land finanzieren zu können. Ein Land, das sich besonders dafür eignet, ist Australien.

## Welche Kosten auf dich zukommen:

- Visum
- Versicherungen
- Kosten für den Flug
- ggf. Unterkunft und Verpflegung
- finanzielle Rücklagen

### Freiwilligenarbeit

Bei der Freiwilligenarbeit engagierst du dich für soziale Projekte und sammelst wertvolle Erfahrungen für deine Zukunft. Hierbei gibt es einige Förderprogramme, die dein Volontariat finanziell unterstützen, zum Beispiel der europäische Freiwilligendienst, »weltwärts« oder »kulturweit«.

### Au-pair

Wenn du gerne mit Kindern arbeitest, könnte ein Job als Au-pair etwas für dich sein. So lebst du zusammen mit deiner Gastfamilie im Ausland und verbesserst dadurch auch deine Sprachkenntnisse. Bei dieser Form des Auslandsaufenthaltes fallen Kosten für Unterkunft und Verpflegung weg. Außerdem bekommst du ein Taschengeld und dir stehen Urlaubstage zu, an denen du zum Beispiel das Land noch mehr erkunden kannst. In der Regel trägst du die Kosten für die Anreise selbst, manchmal ist es jedoch so, dass sich die Familien freiwillig daran beteiligen. Um die Versicherungen kümmerst du dich selbst, dafür gibt es zum Beispiel eigene Au-pair-Versicherungen.

### Praktikum im Ausland

Während eines Praktikums kannst du wertvolle Arbeitserfahrung im Ausland sammeln, in manchen Studiengängen ist dies sogar Pflicht. Das Auslands-BAföG ist eine finanzielle Bezuschussung für Auslandspraktika, außerdem ist auch der DAAD ein Ansprechpartner für Stipendien. Denke daran, dass du die Förderungen so früh wie möglich beantragst.[15]

### Urlaub gegen Hand

Eine weitere Möglichkeit für einen günstigen Auslandsaufenthalt ist Urlaub gegen Hand. Auf diversen Webseiten oder in Facebook-Gruppen werden kostenlose Unterkünfte oder Stellplätze für eine geringe Gegenleistung angeboten. Du hilfst bei alltäglichen Aufgaben, kümmerst dich beispielsweise auf einem Hof um die Tiere oder um einen Garten oder Events und kannst auf diese Weise günstig Urlaub machen, neue Erfahrungen sammeln und mit neuen Menschen in Kontakt kommen.

# Auslandsstudium

Im Ausland studieren? Dank Erasmus+ ist es heutzutage relativ einfach möglich, ein Auslandssemester zu machen. Seit über 30 Jahren werden mit dem Erasmus+-Programm Studienaufenthalte zwischen drei und zwölf Monaten im Ausland unterstützt. So zahlst du im Ausland keine Studiengebühren und die auswärtigen Leistungen werden dir im Studium angerechnet.

Dabei ist es egal, welches Fach du studierst – diese Förderung ist für alle Fachrichtungen und Hochschularten zugänglich. Zusätzlich bekommst du eine Unterstützung von bis zu 450 Euro monatlich, abhängig vom jeweiligen Land. Auch BAföG und das Deutschlandstipendium lassen sich mit Erasmus+ verbinden.

Generell ist das Programm eine tolle Möglichkeit, internationale Erfahrungen zu sammeln, neue Sprachkenntnisse zu erwerben und den eigenen Horizont zu erweitern.

Für Erasmus+ kannst du dich bei deiner eigenen Hochschule bewerben. Informiere dich auf jeden Fall früh genug und lies dir auch Erfahrungsberichte von anderen Studierenden durch.[16]

Doch nicht nur für all die in diesem Kapitel genannten Dinge benötigst du Geld. Leider gibt es auch Ausgaben, die du wahrscheinlich gar nicht freiwillig und schon gar nicht gerne tätigst. Einige Ausgaben müssen einfach sein, weil sie entweder verpflichtend oder notwendig und sinnvoll sind. Hierzu gehört auch das große Thema Versicherungen, welches wir uns im nächsten Kapitel einmal anschauen.

# Versicherungen

Heutzutage kann man beinahe alles versichern: Brillengläser, Handys oder das Reisegepäck. Gerade Versicherungsmakler geben einem häufig das Gefühl, dass man viel zu unterversichert ist und noch diese oder jene Versicherung braucht. Doch welche sind wirklich sinnvoll und welche eher unnötig? Spezielle Versicherungen für Selbstständige beschreiben wir übrigens im Kapitel über die Selbstständigkeit.

**Beinahe alles lässt sich versichern**

Grundsätzlich dient eine Versicherung dazu, dich vor einem finanziellen Schadensfall zu schützen. Das kann zum Beispiel ein Wasserschaden, ein kaputtes Auto oder auch ein Schaden an anderen Personen sein. Nun denkst du dir als optimistischer Mensch vielleicht: »Ach, das wird schon nicht passieren. Ich bin vorsichtig und passe auf!«

So haben leider schon viele gedacht. Natürlich sind viele Schadensfälle sehr selten und betreffen dich im besten Fall nie. Aber falls es doch dazu kommt, kann dich ein Schaden viel Geld kosten, zum Teil sogar Millionen! Dann wünschst du dir vielleicht, doch eine Versicherung abgeschlossen zu haben.

Aber welche Versicherungen lohnen sich wirklich? Da du für den Versicherungsschutz regelmäßig Geld bezahlst, solltest du auch hier darauf achten, nur Notwendiges zu versichern. Als Faustregel kannst du dir merken: Versichere das, was im Schadensfall deine Existenz gefährden würde.

**Beispiel:** *Ein kaputtes Brillenglas ersetzen zu müssen, ist zwar ärgerlich, aber keine finanzielle Katastrophe. Dafür hast du ja deinen Notgroschen. Auch wenn dir dein Handy runterfällt und das Display springt, musst du keine Privatinsolvenz anmelden, um dir eine Reparatur leisten zu können. Bei Schadensfällen, die du problemlos aus eigener Tasche bezahlen kannst, lohnt sich eine Versicherung in den meisten Fällen nicht. Anders sieht es jedoch aus, wenn du zum Beispiel einen Autounfall baust, bei dem auch andere Personen verletzt werden. Auch bei einem Hausbrand kann zum Beispiel ein Millionenschaden entstehen.*

# Gesetzliche Versicherungen

## Die Krankenversicherung

Zu den Pflichtversicherungen zählt die Krankenversicherung. Diese übernimmt bestimmte Leistungen wie zum Beispiel Arztbesuche, Krankenhausaufenthalte oder auch Krankengeld. Als Arbeitnehmer oder Arbeitnehmerin bist du in Deutschland automatisch pflichtversichert. Der Beitrag wird prozentual von deinem Einkommen abgezogen, und zwar bis zur sogenannten Beitragsbemessungsgrenze. 2022 betrugt der Beitrag zur gesetzlichen Krankenversicherung 14,6 Prozent. Hinzu kommt die gesetzliche Pflegeversicherung von 3,05 Prozent für Menschen, die Kinder haben, und 3,4 Prozent für Kinderlose. Der Beitrag wird jeweils hälftig von deinem Arbeitgeber und von dir gezahlt und direkt vom Arbeitgeber an die Krankenversicherung abgeführt. Diese Prozentsätze sind jedoch nur bis zur sogenannten Beitragsbemessungsgrenze zu zahlen. Diese lag 2022 bei 58.050 Euro pro Jahr bzw. 4837,50 Euro pro Monat. Auf alle Beträge, die darüber hinaus verdient werden, musst du keine Krankenversicherungsbeiträge mehr zahlen. Wenn du ein Einkommen oberhalb dieser Grenze verdienst, kannst du, genau wie jemand, der selbstständig tätig ist, frei entscheiden, ob du dich gesetzlich oder privat versicherst. Eine Vertiefung dieses Themas würde hier sicherlich etwas weit führen, ebenso das Aufführen von Ausnahmen, Ermäßigungen etc.

Lass dich, vor allem, wenn du dich selbstständig machst und frei entscheiden kannst, ob du dich privat oder gesetzlich versicherst, von einem Profi beraten. Wichtig: Schaue nicht nur auf heute! Oft ist eine private Krankenversicherung in jungen Jahren sehr viel günstiger als die freiwillige gesetzliche Krankenversicherung. Aber die Beiträge steigen im Alter. Wenn du dich für eine private Krankenversicherung entscheidest, dann achte bitte darauf, dass im Tarif eine Absicherung gegen steigende Beiträge im Alter enthalten ist. Übrigens: Der Rückweg in die gesetzliche Krankenversicherung ist, wenn du einmal ausgestiegen bist, nur über eine Angestelltentätigkeit wieder möglich. Bist du einmal raus aus dem System, ist eine Rückkehr nicht so einfach.

## Die Rentenversicherung

Neben der Krankenversicherung als Pflichtversicherung gibt es noch die gesetzliche Rentenversicherung. Diese ist für Arbeitnehmerinnen und Arbeitnehmer verpflichtend. Bei Freiberuflerinnen und Selbstständigen kommt es auf den Berufszweig an, ob sie gesetzlich in der Rentenversicherung pflichtversichert sind oder nicht.

Pflichtversichert sind

* Handwerkerinnen und Handwerker sowie Hausgewerbetreibende,
* Lehrerinnen, Hebammen, Erzieher und in der Pflege Beschäftigte,
* Künstlerinnen und Publizisten,
* Selbstständige mit nur einem Auftraggeber,
* Seelotsen sowie Küstenschifferinnen und -fischer.

Auch hier gibt es teilweise Ausnahmeregelungen und Möglichkeiten der Befreiung. Doch auch das würde hier zu weit führen.

**Selbstständige können sich gesetzlich rentenversichern**

Alle anderen Selbstständigen sowie Freiberuflerinnen können auf freiwilliger Basis in das gesetzliche Rentensystem einzahlen, müssen es aber nicht. Wenn es ausschließlich um die Altersvorsorge geht, dann lohnt es sich definitiv mehr, sein Geld in eine private Vorsorge zu investieren. Wenn es jedoch um das Thema Erwerbsunfähigkeitsrente geht, so bietet das gesetzliche System durchaus Vorteile, zumindest, wenn es Vorerkrankungen gibt und eine private Berufs- oder Erwerbsunfähigkeitsrente nicht mehr möglich ist. Auch hier gilt wie bei allen anderen Versicherungen auch: Lass dich bitte vom Profi beraten.

Eine weitere Pflichtversicherung gibt es noch: Wenn du ein Auto besitzt, ist auch die Kfz-Haftpflicht für dich obligatorisch.

# Private Versicherungen

Bei privaten Versicherungen wird unterschieden zwischen Sachversicherungen und Personenversicherungen. Generell gibt es folgende Unterscheidungen:

Haftpflichtversicherungen zahlen den Schaden bei einer anderen Person. Das kann ein durch dich selbst verursachter Schaden sein oder beispielsweise durch ein Haustier wie einen Hund oder ein Pferd. Wir schauen uns das gleich noch genauer an.

Sonstige Sachversicherungen wie zum Beispiel die Hausratsversicherung, die Kfz-Kasko-Versicherung, die Rechtsschutzversicherung etc. zahlen deinen eigenen Schaden.

Personenversicherungen wie zum Beispiel die Unfallversicherung, eine Berufsunfähigkeitsversicherung, eine Dread Desease-Versicherung (für schwere Krankheiten wie Krebs, Schlaganfall, Herzinfarkt etc.) oder eine Lebensversicherung zahlen eine bestimmte Einmalsumme oder eine monatliche Rente aus, wenn etwas passiert. Bei diesen Versicherungen ist die Besonderheit, dass die Auszahlung nicht an der Höhe des tatsächlich entstandenen Schadens bemessen wird, sondern eine festgelegte Summe ist. Wenn du beispielsweise eine Invaliditätsrente in Höhe von 500 Euro monatlich abgeschlossen hast, dann zahlt die Versicherung 500 Euro, auch wenn du vom Invaliditätsgrad her vielleicht eine höhere Summe benötigen würdest.

Wir wollen dir mit diesem Buch nur einen kurzen Überblick geben. Deswegen werden hier nur ein paar wichtige Beispiele aufgeführt:

## Die private Haftpflichtversicherung

Mal angenommen, du überquerst, ohne zu schauen, einen Radweg und ein Radfahrer stürzt deshalb und zieht sich dabei eine schwere Verletzung zu. Ein solcher Schaden kann dich Millionen kosten, die du wahrscheinlich nicht zur Verfügung hast. Wenige Sekunden können eine Privatinsolvenz bedeuten. Eine private Haftpflichtversicherung schützt dich jedoch vor einem solchen finanziellen Ruin. Sie umfasst nicht nur Schäden an anderen Personen, sondern auch Sachschäden, zum Beispiel wenn du aus Versehen ein Glas umkippst und Saft über den Laptop deines Partners läuft.

## Die Hausratsversicherung

Diese zahlt dann, wenn dein Hausrat zum Beispiel durch Feuer, Leitungswasser, Sturm, Hagel oder durch Einbruch zerstört wird oder durch Diebstahl abhandenkommt. Teilweise sind in den Versicherungspolicen auch deine Sachen im Auto oder in einem Hotelzimmer versichert. Weiterhin bieten manche Versicherungen einen sogenannten Elementarschadenschutz mit an. Zu den Elementarschäden gehören beispielsweise Überschwemmungen oder Lawinen. Je nachdem, wie wertvoll dein Hausrat ist, solltest du diese Versicherung abschließen. Mal angenommen, deine Wohnung wird durch Feuer zerstört, so kommen viele Tausend Euro Kosten auf dich zu, um alles wiederzubeschaffen. Wenn es jedoch finanziell knapp bei dir ist, dann kannst du im Zweifel auf eine Hausratsversicherung verzichten, denn Möbel werden beispielsweise auch oft verschenkt. Sollte also der schlimmste Fall eintreten und dein gesamter Hausrat zerstört sein, müsstest du im Zweifelsfall schauen, wo du Möbel und Kleidungsstücke günstig auf die Schnelle herbekommst. Teuer kann es natürlich bei der Technik werden. Doch im Zweifel kannst du deinen Laptop und dein Handy über reine Elektronikversicherungen absichern.

**Ist eine Glasversicherung nötig?**

Häufig wird zu einer Hausratsversicherung auch die Glasversicherung mit angeboten. Hier fragen wir dich: Wie oft sind dir schon Glasscheiben kaputtgegangen? Und wenn so etwas mal passiert, würde es dich sofort in den finanziellen Ruin treiben?

## Die Rechtsschutzversicherung

Die Rechtsschutzversicherung zahlt, wenn du in einen Rechtsstreit verwickelt wirst und diesen verlierst. Solange du einen Rechtsstreit gewinnst, zahlt ohnehin die gegnerische Seite. Überlege dir genau, ob sich eine solche Versicherung für dich lohnt. Es gibt unterschiedliche Bereiche in der Rechtsschutzversicherung wie zum Beispiel Verkehrsrecht, Arbeitsrecht, Mietrecht und vieles mehr. Wenn du Geld sparen möchtest, dann überlege dir, wie sinnvoll eine Rechtsschutzversicherung für dich wirklich ist.

Kommen wir zu einigen Personenversicherungen und fangen wir mit der wichtigsten an:

## Die Berufsunfähigkeitsversicherung

Die Berufsunfähigkeitsversicherung (BU) sichert deine Arbeitskraft ab. Sowohl eine Krankheit als auch ein Unfall können dazu führen, dass du berufs- oder erwerbsunfähig wirst. In diesem Fall bekommst du von deiner BU eine Berufsunfähigkeitsrente ausgezahlt. Berufsunfähigkeit bedeutet, dass du in *deinem* Beruf nicht mehr arbeiten kannst. Erwerbsunfähig bist du dann, wenn du in *keinem* Beruf mehr tätig sein kannst.

**Beispiel:** *Du bist Friseurin und hast ständig mit Haarfarben zu tun. Irgendwann fängt dein Körper an, allergisch auf diese Farben zu reagieren, und du kannst den Beruf als Friseurin nicht mehr ausüben. Dann bist du berufsunfähig in Bezug auf deinen Beruf. Du bist aber noch lange nicht erwerbsunfähig, denn du könntest ja beispielsweise in einem Büro oder an der Kasse arbeiten. In diesem Fall würdest du nichts von der gesetzlichen Versicherung bekommen, denn diese zahlt nur bei Erwerbsunfähigkeit und das auch nur in begrenzter Art und Weise und unter bestimmten Bedingungen. Davon unberührt bleibt natürlich die Zahlung der Krankenkasse. Diese übernimmt deine Behandlungskosten und für eine gewisse Zeit dein Krankengeld.*

Die häufigsten Ursachen, warum Menschen berufsunfähig werden, sind psychische Erkrankungen, Krebs, Herz-Kreislauf-Erkrankungen oder Gelenkbeschwerden. Das bedeutet, dass du auch in einem Bürojob berufsunfähig werden kannst und somit eine BU durchaus wichtig für dich ist. Wenn du eine private Berufsunfähigkeitsversicherung abschließt, hängt die Höhe des Beitrags von verschiedenen Faktoren ab, zum Beispiel von deinem Alter, von Vorerkrankungen, deiner Tätigkeit oder der Höhe der BU-Rente.

## Die Unfallversicherung

Eine Unfallversicherung zahlt dann, wenn du aufgrund eines Unfalls eine dauerhafte Beeinträchtigung oder eine Invalidität hast. Achtung: Es werden keine Behandlungskosten bezahlt, dafür ist die Krankenkasse zuständig. Es geht ausschließlich um dauerhafte Schäden. Sollte dir eine Berufsunfähigkeitsversicherung zu teuer sein, dann ist die Unfallversicherung zumindest eine kleine Alternative. Der Unterschied zur Berufsunfähigkeitsrente: Diese wird tatsächlich als monatliche Rente bezahlt. Die Höhe der Rente hängt von der abgeschlossenen Summe ab. Bei der Unfallversicherung wird in der Regel eine Einmalsumme ausgezahlt, eine Rente kann bei einigen Tarifen zusätzlich mit abgeschlossen werden. Die Höhe der Auszahlung hängt vom Grad der Beeinträchtigung, also von deinem Invaliditätsgrad ab. Wenn absehbar ist, dass du wieder gesund wirst, dann zahlt die Unfallversicherung nichts. Die Berufsunfähigkeitsversicherung zahlt ab dem Zeitpunkt, zu dem die Berufsunfähigkeit eingetreten ist, bis zu dem Zeitpunkt, an dem du wieder arbeiten kannst, weil du beispielsweise gesund geworden bist.

## Die Dread Disease-Versicherung

In der Dread-Disease-Police sind bestimmte schwere Erkrankungen definiert. Wenn eine dieser Krankheiten eintritt, dann bekommst du eine Einmalsumme ausgezahlt. Das gilt beispielsweise für Krebserkrankungen.

## Die Lebensversicherung

Der Klassiker, der gerne verkauft, jedoch in vielen Fällen nicht benötigt wird, schon gar nicht als junger Mensch. Die Lebensversicherung müsste sinnigerweise Todesfallversicherung heißen, denn sie zahlt eine Einmalsumme, wenn die versicherte Person verstirbt. Das lohnt sich jedoch nur, wenn du wirklich jemanden absichern möchtest, also zum Beispiel dein Kind oder deinen Partner für den Fall der Fälle, dass du verstirbst. Es gibt sie als Risikoversicherung und als Kapitalversicherung. Bei

**Die Lebensversicherung ist eine Todesfallversicherung**

der Kapitalversicherung bekommst du zwar irgendwann Geld zurück, doch Achtung: Die Rendite ist mies! In den meisten Fällen lohnt es sich mehr, eine reine Risikoversicherung abzuschließen und zusätzlich in einem anderen Sparprodukt zu sparen.

Apropos Risiko- und Kapitalversicherungen, ist dir der Unterschied bekannt?

## Abgrenzung zwischen Risiko- und Kapitalversicherungen

Risikoversicherung bedeutet, dass du für die finanzielle Absicherung bestimmter Risiken Geld bezahlst. Wenn nichts passiert, ist dein Geld weg.

Bei Kapitalversicherungen sparst du Geld an. Es gibt Kapitalversicherungen als Lebens-, Renten-, Unfall- oder auch Berufsunfähigkeitsversicherungen. Alle haben eines gemeinsam: Sie sind teuer! Und zwar in der Verwaltung und von den Provisionen her. In den meisten Fällen gilt: Eine Risikoversicherung in Kombination mit einem anderen Sparprodukt (zum Beispiel Investmentfonds) ist sehr viel lohnender. Kapitalversicherungen spielen mit dem psychologischen Effekt, dass du dein Geld zurückbekommst. Doch das ist in vielen Fällen wirklich unrentabel. Achtung: Stand 2022! Wenn die Anlagezinsen wieder steigen und diese Produkte höhere Renditen garantieren können, dann kann sich das auch wieder ändern. Es gab Zeiten, da haben Lebens- und Rentenversicherungen durchaus 6 bis 7 Prozent Rendite gebracht (Anfang, Mitte der Neunzigerjahre des letzten Jahrhunderts).

### Weitere Versicherungen, die sich für dich eventuell lohnen könnten und die du dir ggf. etwas genauer anschauen solltest:

- private Pflegeversicherung
- Auslandsreisekrankenversicherung
- Hundehalter-/Pferdehalter-Haftpflichtversicherung
- Gebäudeversicherung (wenn du ein Haus besitzt)

## So kannst du bei Versicherungen Geld sparen:

- Unnötige Versicherungen kündigen: Wenn du mit deiner Partnerin oder deinem Partner gemeinsam in einem Haushalt lebst, reichen eine Hausrats- und eine Haftpflichtversicherung.
- Preis-Leistungs-Vergleiche durchführen
- Auf jährliche Zahlweise umstellen: So sparst du dir den Unterjährigkeitsaufschlag.
- Versicherungsleistungen an die jeweilige Lebenssituation anpassen
- Selbstbehalt vereinbaren: Bei verschiedenen Versicherungen, wie zum Beispiel bei der Privathaftpflichtversicherung, bei der Rechtsschutzversicherung oder auch bei der Kfz-Kaskoversicherung kannst du einen Selbstbehalt vereinbaren und so den Versicherungsbeitrag reduzieren.
- Premiumtarife und Kombirabatte kritisch hinterfragen
- Sonderkündigungsrechte nutzen

# Erste Spartipps

Seine Fixkosten zu reduzieren, hat einen entscheidenden großen Vorteil. Wenn du es schaffst, diese zu minimieren, dann sparst du automatisch Geld, ohne darüber nachdenken zu müssen. Angenommen, du bezahlst momentan 40 Euro pro Monat für deinen Handyvertrag. Wenn du diesen kündigst und einen gleichwertigen Tarif für nur 15 Euro pro Monat findest, dann sparst du dir 25 Euro pro Monat und das mit nur einem einmaligen Aufwand. Noch dazu hast du den Vorteil, dass du zum Beispiel bei einem Prepaid-Tarif keine Bindung hast. Wenn du ein günstigeres Angebot findest, kannst du also problemlos wechseln, ohne auf das Vertragsende warten zu müssen.

Schau dir am besten alle Ausgaben an, die automatisch von deinem Konto abgebucht werden. Logge dich dafür in deinem Onlinebanking ein und geh die letzten Monate durch. Nicht vergessen: Versicherungen oder andere Fixkosten, die du eventuell jährlich oder halbjährlich bezahlst. Rechne die Kosten davon auf den Monat herunter und schreib dir eine Liste mit deinen Fixkosten.

Nun kannst du diese Schritt für Schritt durchgehen und dir überlegen, ob du die Dinge überhaupt benötigst. Wer kennt es nicht, das Fitness-Abonnement, das einem seit drei Jahren Geld aus der Tasche zieht, obwohl man sich nie im Studio blicken lässt? Kein Problem, so etwas kann jedem passieren. Aber jetzt ist es an der Zeit, sich von diesen »Geldsaugern« zu verabschieden.

**Alle Fixkosten gehören auf den Prüfstand**

Achtung: Es geht nicht darum, auf Dinge zu verzichten, die du gerne nutzt. Wenn du ein- bis zweimal pro Woche ins Fitnesstudio trainieren gehst und Joggen im Wald für dich kein Ersatz ist, dann ist das vollkommen in Ordnung. Vielleicht wäre es aber eine Überlegung wert, in ein günstigeres Studio zu wechseln, das gerade neu bei dir um die Ecke eröffnet wurde.

Selbstverständlich dient dies nur als Idee. Wenn du mit deinem jetzigen Studio superzufrieden bist und für dich kein Wechsel infrage kommt, ist das natürlich auch vollkommen in Ordnung.

# Lebensmittel und Essen: unsere Energiequelle

Wenn man die beiden Begriffe »Geld sparen« und »Essen« in einem Satz verwendet, bewegt man sich häufig auf dünnem Eis. Oft haben wir schon Aussagen gehört wie: »Beim Essen wird nicht gespart.« Deshalb möchten wir dir eine kleine Geschichte von einer Freundin erzählen.

**Beispiel:** *Julia ist 22 Jahre alt und großer Fan von Fast Food und Süßigkeiten. Ihre absoluten Lieblingsgerichte sind ein saftiges Steak und der Big Mac von McDonald's. Danach noch ein McFlurry und ein paar M&Ms. So lässt es sich leben. Da sie keine Freude am Kochen hat, isst sie sechsmal pro Woche auswärts, zu Hause gibt's Chips, Tiefkühlpizza und jede Menge Schokolade und Gummibärchen.*

*Eines Tages schaut sie ganz schockiert mit offenem Mund in ihr Portemonnaie: »Oh nein, ich glaube, meine Geldtasche hat ein Loch.« Wir setzen uns zusammen und werfen einen Blick auf ihre Kontoauszüge. Jeden Monat gibt Julia 500 Euro für Essen aus. Und das, was sie konsumiert, ist ja nicht gerade gesund, oder?*

Wir müssen zugeben, die Geschichte ist vielleicht ein kleines bisschen übertrieben. Aber damit möchten wir zeigen, dass es nicht unbedingt gesund sein muss, viel Geld für Lebensmittel auszugeben, ganz im Gegenteil. Gerade ungesunde Produkte sind häufig sehr teuer, wie zum Beispiel Süßigkeiten. Auch wenn 1,50 Euro für eine Packung Gummibärchen günstig wirken, wenn man den Kilopreis beachtet, ist es doch nicht mehr ganz so billig.

Auch Fleisch ist relativ teuer – was es natürlich auch sein sollte. Viele Studien deuten darauf hin, dass täglicher Fleischkonsum alles andere als gesund ist. Zusätzlich tun wir auch unserer Umwelt nichts Gutes damit und Tiere werden massenweise umgebracht. Seinen Fleischkonsum zu reduzieren, hat also einige Vorteile: günstiger, umweltfreundlicher und es müssen keine Lebewesen getötet werden.

**Umweltfreundlichkeit ist oft günstiger**

Softdrinks sind ebenfalls ungesund und teuer. Wenn man diese weglässt, spart man sich zusätzlich viel Geschleppe. Früher hat Valentina oft täglich einen Liter oder mehr Eistee oder Orangensaft getrunken. Vor ungefähr einem Jahr ist sie komplett auf Leitungswasser umgestiegen. Somit entsteht auch kein Müll. Geld sparen ist oft auch eine umweltfreundlichere Variante.

Aber es gibt noch ein paar andere Tricks, wie man beim Essen Geld sparen kann, ohne auf Qualität zu verzichten. Und zwar fängt das Sparen schon vor dem eigentlichen Einkauf an: zu Hause.

## Vorräte checken und Einkaufsliste schreiben

Bevor du ins Geschäft gehst, schau erst mal in deinen Schränken nach, was du noch daheim hast und was du benötigst. Auch Valentina stand schon so oft im Laden und hat überlegt:»Hmm, was brauche ich denn überhaupt?« Und dann ist sie mit Bananen zurückgekehrt und durfte mit Freude feststellen, dass noch fünf Bananen zu Hause auf den Verzehr warteten. Blöd gelaufen!

Seitdem schreibt sie sich so gut wie immer eine Einkaufsliste und kann das definitiv empfehlen. Am besten hängt man sich den Zettel direkt an die Eingangstür, damit man ihn nicht vergisst. Oder du notierst es dir im Handy.

## Was auch hilft: Essen planen

Du musst natürlich nicht jeden kleinen Snack im Voraus planen. Aber wenn du dir Gedanken darüber machst, welche Gerichte du im Laufe der Woche kochen willst, kannst du gezielt dafür einkaufen. Dadurch vermeidest du einerseits, dass Lebensmittel weggeschmissen werden müssen, und andererseits sparst du dir den Ärger, kurz vorm Kochen zu bemerken, dass diese und jene Zutaten fehlen. Wenn dir eine ganze Woche im Voraus planen zu viel ist, kannst du das auch nur für die nächsten drei Tage machen. Durch das Planen erleichterst du dir auch den Alltag, weil du nur einmal nachdenken musst – noch ein Vorteil. Außerdem kannst du Essen vorkochen und einfrieren. Dann geht's am Tag des Verzehrs gleich schneller.

**Planung erleichtert den Alltag**

## Lebensmittel retten

Eine weitere Möglichkeit, Geld beim Essen zu sparen und gleichzeitig etwas Gutes zu tun, ist, Lebensmittel zu retten. Dafür gibt es zum Beispiel die App »Too Good To Go«. Du bekommst Restaurants, Bäckereien oder Geschäfte angezeigt, die ihre übrig gebliebenen Gerichte oder Waren zu einem günstigeren Preis verkaufen. So tust du aktiv etwas gegen die Lebensmittelverschwendung und kannst gleichzeitig auch ein bisschen Geld sparen. Wenn es »Too Good To Go« nicht in deinem Ort gibt, kannst du es ja vielleicht mal im Urlaub ausprobieren.

Außerdem gibt es in vielen Städten sogenannte »Fairteiler«-Kühlschränke von der Organisation Foodsharing. Dort kann man übrig gebliebene Lebensmittel hinbringen oder auch Lebensmittel kostenlos rausnehmen. Auch dadurch kann man einiges sparen.

Wenn du dich über Foodsharing als Foodsaver engagierst, kannst du aussortierte Lebensmittel direkt im Laden abholen und diese dann zum Beispiel auch an Freunde und Familie verschenken.[17]

Ein weiterer Tipp ist: Großpackungen kaufen. Hier muss man aber aufpassen, dass diese Strategie nicht nach hinten losgeht. Es bringt nämlich nichts, eine große Packung Brot zu kaufen, die günstiger ist als eine kleinere, und dann die Hälfte davon wegzuwerfen, weil es einfach zu viel ist. Gerade wenn man, so wie Valentina, allein wohnt, kennt man das Problem vermutlich zu gut. Tipp: Vieles lässt sich einfrieren.

**Achte auf den Kilopreis!**

Wodurch man auch Unmengen an Geld sparen kann: auf den Kilopreis achten. Es ist ein Wahnsinn, wie krass dieser sich bei vielen Lebensmittel im Regal unterscheidet. Oft sind die Preise von No-Name-Produkten um 50 bis 70 Prozent niedriger als jene von Markenartikeln. Supermärkte versuchen, uns mit allen möglichen Tricks zum Kauf von teuren Produkten zu verleiten. Markenwaren befinden sich auf Augenhöhe, während man sich für Eigenmarken öfter bücken muss. Verpackungen gaukeln uns viel mehr Inhalt vor, als tatsächlich vorhanden ist. Doch der Kilopreis lügt nicht. Übrigens werden auch bei Taschentuchpackungen oder Klopapier oft die Stückzahlpreise angegeben, bei Waschmitteln die Preise pro Waschgang. So kann man auch bei diesen Produkten einfach und bequem Kosten vergleichen.

Übrigens: Der einzige Grund, warum auf Valentinas Briefkasten noch kein »Bitte keine Werbung«- Sticker zu finden ist, ist, dass mit der Post in Österreich öfters Rabattsticker für Lebensmittelgeschäfte versendet werden. Dabei handelt es sich meistens um -25-Prozent-Aufkleber, die sie für Markenprodukte nutzt.

Obst und Gemüse selbst anzupflanzen, ist auch eine Möglichkeit, um dem eigenen Geldbeutel etwas Gutes zu tun. Dafür braucht man aber einen Balkon oder Garten. Viele sehen das als Hobby und auch Valentina macht es Spaß, sich mit ihren Pflanzen zu beschäftigen. Ob ihre Tomaten- und Paprikapflanzen jemals Früchte tragen werden, wird die Zukunft zeigen. Ihrer Meinung nach lassen sich auch Parallelen zwischen dem Pflanzen von Früchten und Vermögensaufbau ziehen. Man sät einen Samen, gießt seine Pflanzen regelmäßig, bis man irgendwann Früchte ernten kann. Geduld ist der Schlüssel zum Erfolg.

Wie du siehst, kann man durchaus auch beim Thema Lebensmittel einiges an Geld sparen, ohne auf Qualität zu verzichten. Ob und inwiefern du diese Tipps umsetzt, bleibt natürlich dir überlassen.

## Friseur versus selbst schneiden oder färben

Sicher, wenn man kurze Haare hat, ist es bestimmt schwieriger, sich die Haare selbst zu schneiden, und man erkennt »Patzer« schneller als bei einer langen Mähne. Aber die Coronakrise hat auch dazu beigetragen, dass immer mehr Männer sich die Haare selbst schneiden und geschnitten haben. Gerade auf YouTube findet man viele Tutorials dazu.

Nicht auf den Friseur angewiesen zu sein, spart nicht nur viel Geld, sondern auch Zeit und macht flexibler. Wenn du willst, kannst du dir die Haare auch mitten in der Nacht schneiden oder an Sonn- und Feiertagen. Gerade während der Coronakrise hat sich dieses »Nicht-abhängig-vom-Friseur-sein« bewährt.

Schon seit vielen Jahren schneidet und färbt Valentina ihre Haare selbst. Dabei hat sie schon Tausende Euro gespart, denn da sie einen helleren Ansatz hat, färbt sie ihre Haare jeden Monat nach. Und außerdem: Diese Tätigkeit macht ihr sogar viel Spaß, sodass sie mittlerweile gar nicht mehr zum Friseur gehen möchte. Klar, es wird nicht immer perfekt, aber das war es auch vorher beim Friseur nicht und das muss es für sie auch gar nicht sein.

Noch eine Alternative, um bei der Frisur günstiger wegzukommen, sind Friseurschulen. Dort kann man sich die Haare sehr kostengünstig schneiden oder färben lassen. Auch das hat Valentina schon mehrmals ausprobiert – ihrer Erfahrung nach sollte man hier unbedingt genügend Geduld mitbringen.

In Friseurläden werden manchmal Modelle gesucht, also halte die Augen offen. Solche Angebote stehen zum Beispiel in Jobbörsen und Facebook-Gruppen, vielleicht wirst du dort fündig.

## Strom und Heizung sparen

Auch bei Strom und Heizung lässt sich Geld einsparen. Das heißt aber nicht, dass du von jetzt an deine Abende im Dunkeln bei Kälte verbringen sollst. Trotzdem können sich ein Wechsel des Stromanbieters oder Steckdosenleisten mit Schaltern lohnen. Denk dran: Wenn du Strom sparst, tust du nicht nur deinem Geldbeutel etwas Gutes, sondern auch unserer Umwelt.

### Tipps zum Stromsparen:

- Mit Deckel kochen: bis zu 20 Euro pro Jahr sparen
- Richtige Topfgröße wählen
- Schnellkochtöpfe verwenden
- Kühlschrank schnell schließen: bis zu 8 Euro jährlich sparen
- Kühlschrank und Gefriertruhe abtauen: bis zu 8 Euro pro Jahr sparen
- Nur so viel Flüssigkeit wie nötig
- Wasserkocher statt Herd nutzen: bis zu 40 Euro jährlich sparen
- Ohne Vorheizen und mit Restwärme kochen: bis zu 20 Euro jährlich sparen
- Auf Vorwäsche verzichten: bis zu 7 Euro pro Jahr sparen
- Wäsche auf niedrigerer Temperatur waschen
- Ökowaschprogramme verwenden: bis zu 33 Euro pro Jahr sparen
- bei 30 °C waschen: bis zu 17 Euro jährlich sparen

- Wäscheständer statt Trockner nutzen: bis zu 55 Euro pro Jahr sparen
- Sparduschkopf: bis zu 250 Euro jährlich sparen
- LED-Lampen und Energiesparlampen nutzen
- Elektrogeräte ganz ausschalten: bis zu 115 Euro Sparpotenzial jährlich
- Steckdosenleisten mit Schaltern verwenden
- Kühlschrank nicht neben Backrohr oder Herd aufstellen
- zu Ökostrom wechseln: bis zu 14 Euro Sparpotenzial pro Jahr[18]

## Tipps, um Heizkosten zu sparen:

- Türen schließen: Insbesondere die Türen wenig oder nicht beheizter Zimmer sollten geschlossen werden.
- Heizung vorm Urlaub herunterdrehen: Dabei sollte die Heizung nicht komplett ausgeschaltet werden. Besser ist es, die Temperatur auf 12 bis 15 Grad zu reduzieren, da ansonsten mehr Energie benötigt wird, um die Räume wieder auf die gewünschte Temperatur zu bringen.
- Heizkörper nicht zustellen: Achte darauf, dass weder Möbel noch Vorhänge zu nah an den Heizkörper herankommen. Das verhindert nämlich die Wärmezirkulation und reduziert damit den gewünschten Effekt.
- Stoßlüften statt dauerhaft gekippter Fenster: Lüfte mehrmals am Tag für circa zehn Minuten. Am besten öffnest du dafür zwei gegenüberliegende Fenster, sodass die Luft gut durchziehen kann. Außerdem kann während des Lüftens die Heizung abgeschaltet werden.
- Fenster nachts schließen und Rollläden herunterlassen: Dadurch vermeidest du, dass deine vier Wände während der Nacht auskühlen.

- Fenster und Türen abdichten: Durch aufklebbare Isolierbänder kannst du deine Fenster abdichten und so bis zu 30 Prozent Heizkosten einsparen. Für Türen eignen sich auch Zugluftstopper.
- Teppiche verwenden: Durch Teppiche empfinden wir weniger Kälte, sodass die Wohnung um bis zu 2°C weniger geheizt werden muss.
- Rolladenkästen dämmen
- Heizung in der Nacht runterdrehen
- Heizungsanlage warten lassen
- Austausch der Heizungspumpe
- Thermostat nutzen
- Heizkörper entlüften
- Verschiedene Räume unterschiedlich beheizen
- Pullover statt T-Shirt: Gewöhne dir an, im Winter standardmäßig einen Pullover und dicke Socken zu tragen.[19]

# Sparchallenges

Das »Spa« in Sparen
steht für Spaß

Sparchallenges: Das »Spa« in Sparen steht für Spaß. Ja, sparen kann Spaß machen – soll es sogar! Und es gibt viele Möglichkeiten, daraus ein Spiel zu gestalten. Deshalb findest du hier neun Sparchallenges. Viel Freude!

### 1. Die 2-Euro- bzw. 5-Euro-Sparchallenge – füttere dein Sparschwein

Jedes Mal, wenn du eine 2-Euro-Münze oder einen 5-Euro-Schein in deinem Geldbeutel entdeckst, gibst du diese(n) in eine Spardose. Auch wenn es auf den ersten Blick wenig aussieht, wenn man das regelmäßig macht, kann dadurch eine ordentliche Summe zusammenkommen. Ganz nach dem Motto: Kleinvieh macht auch Mist. Wichtig ist jedoch, dass man regelmäßig mit Bargeld bezahlt, denn sonst verliert diese Challenge ihren Sinn.

### 2. Die 52-Wochen-Sparchallenge – sparen mit schonendem Beginn

Bei dieser Challenge geht es darum, dass du deine Sparsumme jede Woche um einen Euro erhöhst. In der ersten Woche legst du 1 Euro zur Seite, in der zweiten 2 Euro, in der fünften 5 Euro und so weiter. In der 52. Woche sind es dann schon 52 Euro – was schon ziemlich sportlich ist. Insgesamt kommst du damit nach einem Jahr auf eine Summe von 1378 Euro – einfach so nebenbei. Vorteil: Du gewöhnst dich langsam ans Sparen und kannst mit kleinen Beträgen beginnen.

### 3. Die Rechen-Challenge – auch für Mathe-Noobs

Das ist die sogenannte 173-Regel. Vor jedem Kauf multiplizierst du den Preis des Artikels mit der Zahl 173. Dann erhältst du die Summe, die du hättest, wenn du den Betrag, anstatt ihn jeden Monat auszugeben, investieren würdest, zehn Jahre lang, und eine Rendite von 7 Prozent pro Jahr erzielen würdest. Angenommen, du möchtest gerne einen neuen Pullover für 50 Euro kaufen, weil du das jeden Monat so machst. Dann rechnest du 50 Euro mal 173 = 8650 Euro. Du hättest nach zehn Jahren also 8650 Euro, wenn du das Geld, das du monatlich für neue Kleidung ausgibst, investieren und 7 Prozent Rendite erzielen würdest. Wöchentliche Ausgaben kannst du mit der Zahl 752 multiplizieren. Angenommen, du gibst pro Woche 20 Euro für Coffee to go aus, dann rechnest du 20 Euro mal 752 und kommst auf eine Summe von 15.040 Euro. Du hättest also nach zehn Jahren 15.040 Euro, wenn du die 20 Euro pro Woche investieren und 7 Prozent Rendite erzielen würdest. (Natürlich kann man nicht sicher vorhersagen, wie viel Prozent Rendite man erzielen wird. Es kann sein, dass du weniger oder sogar mehr Rendite erwirtschaftest.) Mit dieser Challenge kannst du dein Bewusstsein für die langfristigen Auswirkungen von Spontankäufen aber sehr gut schärfen und deine Gewohnheiten überdenken.[20]

### 4. Die fast leere Geldtasche

Viele Leute geben weniger Geld aus, wenn sie mit Bargeld bezahlen, da sie es dann mehr »spüren«, als wenn sie einfach die Karte herausziehen. Wenn du von nun an bar bezahlst und weniger Geld in die Geldtasche legst, kannst du auch weniger Geld ausgeben. Vor allem für den Anfang ist es eine gute Möglichkeit, um mit dem Sparen zu beginnen und keinen verlockenden Angeboten zu verfallen. Langfristig sollte man aber an seiner Disziplin arbeiten und auch mit größeren Summen im Portemonnaie herumlaufen können, ohne alles auszugeben. Um seinen Geld-behalte-Muskel zu trainieren, ist es empfehlenswert, mal mehr Geld in die Geldtasche zu tun, als man ausgeben möchte. Denn wenn du Vermögen aufbauen willst, wirst du nicht drum herumkommen, weniger Geld auszugeben, als du zur Verfügung hättest.

### 5. Dinge zum doppelten Preis kaufen

Dinge zum doppelten Preis zu kaufen, klingt nicht gerade nach sparen, oder? Du hast recht. Aber hierbei handelt es sich dennoch um eine Sparchallenge. Folgendes hat es damit auf sich: Angenommen, du siehst einen Schal für 10 Euro, den du dir gerne kaufen möchtest. Wenn du dich also für den Kauf entscheidest, musst du dieselbe Summe, die du ausgegeben hast, also 10 Euro, in eine Spardose geben bzw. investieren. Somit kaufst du etwas nur, wenn du es dir auch zweimal leisten könntest, und du konsumierst nicht nur, sondern sparst auch. Du kaufst ein Stück sozusagen um den doppelten Preis, aber die Hälfte wandert in deine Spardose.

### 6. Abrakadabra – Ratenzahlungen werden Sparbeträge

Wenn man bisher 30 Euro pro Monat für seinen Fernseher an Raten bezahlt hat, dann legt man nach Abzahlung des Kredits entsprechend jeden Monat 30 Euro zur Seite. Wenn du es vorher geschafft hast, deine Raten zu bezahlen, dann schaffst du es nach Ende der Abzahlung auch, die jeweilige Summe zu sparen. Und du wirst erstaunt sein, wie viel du dadurch automatisch sparen kannst. Hammer!

### 7. Die 30- bzw. 31-Tage-Sparchallenge – innerhalb eines Monats zum Profisparer

Bei dieser Challenge legst du jeden Tag des Monats 1 Euro mehr zur Seite. Am ersten Tag sparst du 1 Euro, am zweiten 2 Euro, am zwanzigsten 20 Euro und so weiter. Am Ende kommt dabei eine Summe von über 400 Euro raus, was schon ziemlich sportlich ist.

### Die Coffee-to-go-Methode

Wie wir wissen, sind alte Gewohnheiten oft nicht einfach zu brechen, da sie sich eingespielt haben. Nehmen wir an, es ist für dich ein Ritual, vor der Arbeit einen Coffee to go zu holen. Fünfmal pro Woche, schon seit über zehn Jahren.

Wenn du den Kaffee vom Bäcker von heute auf morgen radikal aus deinem Leben verbannst, wird dir das vielleicht schwerer fallen und du wirst eher rückfällig. Stattdessen holst du dir statt fünfmal pro Woche nur noch viermal einen Coffee to go, dann dreimal und am Ende nur noch einmal. Das kann dann auch dazu führen, dass du den Kaffee viel mehr genießt, denn der morgendliche Besuch beim Bäcker ist wieder etwas Besonderes für dich. Du freust dich dann umso mehr auf den Coffee-to-go-Wochentag.

Auf diese Weise kannst du Geld sparen und mehr Lebensfreude miteinander verknüpfen und das, ohne dass du auf etwas komplett verzichtest.

### Sei kreativ

Überlege dir, ob dir nicht selbst eine Sparchallenge einfällt. So könntest du zum Beispiel deine Schritte mit einer Sparchallenge verknüpfen.

**Beispiel:** *Dein Ziel ist es, 10.000 Schritte täglich zu gehen. Pro 1000 Schritte legst du pro Tag 1 Euro zur Seite. Das heißt, 10.000 Schritte sind 10 Euro, die du sparst. Das war jetzt nur ein Vorschlag – lass deinen Ideen freien Lauf.*

Wir hoffen, für dich ist eine Challenge dabei. Du kannst natürlich auch mehrere Challenges kombinieren und doppelt und dreifach davon profitieren.

Wie du siehst, gibt es viele Möglichkeiten, um Spaß beim Sparen zu haben. Leider ist sparen in unserer Gesellschaft ein Begriff, der oft negativ assoziiert wird. Viele sehen es als Einschränkung, wenn sie Geld sparen oder zur Seite legen müssen. Wir sehen das ganz anders. Geld zur Seite legen zu können, ist doch ein Zeichen von Fülle und Überfluss. Wenn du dein Konto ansiehst, denk nicht nur an die Zahl an sich oder an Produkte, die du davon kaufen könntest. Ja, von 100 Euro könntest du dir vielleicht eine schicke Jeans kaufen. Das ist auch vollkommen in Ordnung! Aber 100 Euro auf der Seite zu haben, ist auch ein kleines Stück Freiheit.

# Was macht dich wirklich glücklich?

## Macht Geld glücklich?

Geld allein macht dich definitiv nicht glücklich. Zu einem erfüllten Leben gehört mehr. Zum Beispiel Familie, Freundinnen, Partner oder auch eine erfüllende Tätigkeit. Du kannst dir mit Geld aber in gewisser Weise auch Glücksmomente kaufen. Und ein Leben mit viel Geld ist sicherlich leichter als ohne oder gar mit Schulden (siehe auch Geld-Zeit-Gefängnis). Gerade wenn es knapp ist, dreht sich vieles darum. Geld bezahlt dir ein Dach über dem Kopf, Essen oder auch einen Urlaub. Finanzielle Freiheit erlaubt dir, dein Leben so zu leben und zu gestalten, wie du es gerne hättest. Und dennoch ist Geld kein Garant für Glück, denn Glück entsteht nur in dir selbst.

**Unglückliche Menschen werden durch Geld nicht glücklich**

Menschen, die generell unglücklich oder unzufrieden sind, werden nicht automatisch glücklicher, wenn sie plötzlich viel Geld haben, zum Beispiel durch einen Lottogewinn. Zu diesem Thema gibt es aber interessante Untersuchungen.

In einer Studie wurde die Zufriedenheit in den unterschiedlichen Vermögensgruppen gemessen. Diese zeigte, dass Personen der oberen Mittelschicht zufriedener waren als Personen in der unteren Hälfte der Vermögensverteilung. Am zufriedensten waren jedoch Millionäre und Millionärinnen.[21]

Auch zum Thema Lottogewinn gibt es einige interessante Statistiken. Im Internet oder in Zeitungen liest man häufig von unglücklichen oder verschuldeten Gewinnern oder Geschichten, bei denen alles nach kurzer Zeit ausgegeben war. Doch entspricht das wirklich der Realität? Laut aktuelleren Umfragen sind Lottogewinnerinnen und -gewinner zwei Jahre nach dem Ereignis deutlich glücklicher als zuvor. Dies ist jedoch nicht nur bei Millionengewinnen der Fall, sondern auch bei Gewinnen ab 2500 Euro.

Auch interessant ist, dass es laut Studien einen Zusammenhang zwischen Lottogewinnenden und Privatinsolvenzen gibt. Wenn deine Nachbarn im Lotto gewonnen haben, ist die Wahrscheinlichkeit, dass du pleitegehst, höher. Das liegt daran, dass Lottogewinnerinnen und -gewinner zum Beispiel ihr Haus verschönert oder ihren Pkw vergrößert haben. Nachbarn bekamen das mit und gaben daraufhin auch mehr Geld für Statussymbole wie beispielsweise ein Auto aus. Dieser Wettbewerb um das schönere Haus, das größere Auto und Statussymbole im Allgemeinen führte bei manchen jedoch zur Insolvenz.[22]

Menschen, die eine zufriedene und glückliche Grundhaltung haben, werden nicht zwangsläufig unglücklich, wenn sie plötzlich viel Geld verlieren. Natürlich ist so etwas nicht erfreulich, aber glückliche, zufriedene Menschen spüren ihr Glück unabhängig vom Kontostand.

Wenn du aber zu den glücklichen, zufriedenen Menschen gehörst, dann kann Geld das Ganze durchaus noch weiter verstärken, denn mit Geld ist das Leben schöner als ohne Geld – keine Frage.

## Konsumverhalten & Ursachen für Konsum

*Valentina: Ich muss zugeben, ich war früher eine echte Shopping-Queen. In meinem Kleiderschrank stapelten sich die Klamotten, meine Freizeit verbrachte ich am liebsten in Shoppingcentern. Mir ist es sogar passiert, dass ich ein Kleidungsstück doppelt gekauft habe. Ein kleiner Dopaminschub an der Kasse, doch das Glück war nicht von langer Dauer. Ich wollte immer noch mehr Klamotten besitzen, denn nie hatte ich das Gefühl, etwas zum Anziehen zu haben. Irgendwann habe ich mich gefragt: »Warum konsumieren wir eigentlich so viel?«*

Die Ursachen sind vielfältig. Shoppen war für Valentina ein Hobby, dem sie nachging, um Langeweile zu vermeiden. Viele konsumieren, um dazuzugehören und weil sie nach Anerkennung streben. Oft dient ein ausgeprägtes Konsumverhalten dazu, einen Mangel auszugleichen oder sich für einen harten Arbeitstag zu belohnen. Wir wollen dazugehören und greifen zu bestimmten Klamotten, um uns mit einer entsprechenden Gruppe zu identifizieren.

**Welche Motive liegen hinter Konsumverhalten?**

Natürlich solltest du dir auch etwas gönnen und nicht im Verzicht leben! Doch hinterfrage genau, warum du etwas kaufen möchtest. Was ist dein Drang, deine Sehnsucht dahinter? Gerade wenn du das Gefühl hast, wenig oder gar kein Geld zum Sparen oder zum Investieren übrig zu haben, solltest du schauen, auf welche Ausgaben du verzichten kannst.

Wenn du dein Konsumverhalten nachhaltig ändern möchtest, solltest du nach den Ursachen Ausschau halten.

Laut Anthony Robbins[23] gibt es sechs Arten von persönlichen Bedürfnissen:

- das Bedürfnis nach Sicherheit,
- das Bedürfnis nach Abwechslung und Unsicherheit,
- das Bedürfnis nach Anerkennung,
- das Bedürfnis nach Verbindung und Liebe,
- das Bedürfnis nach Wachstum,
- das Bedürfnis nach sozialem Beitrag.

Diese Bedürfnisse können auf unterschiedlichen Wegen erreicht werden. Um Anerkennung zu erhalten, kaufen sich einige Menschen Markenkleidung oder ein teures Auto. Eine andere Möglichkeit wäre das Streben nach einem Hochschulabschluss oder einem Sieg in einem Wettbewerb. Auch das Bedürfnis nach Liebe und Verbundenheit kann durch Konsum befriedigt werden. So kann zum Beispiel der Kauf eines Pools dem Ziel dienen, dort regelmäßig Partys mit Freunden zu schmeißen. Abwechslung kann erreicht werden, indem man sich zum Beispiel regelmäßig neue Fähigkeiten aneignet und neue Fremdsprachen lernt. Ein Weg, dies durch Konsum zu erreichen, wäre beispielsweise, alle paar Wochen oder Monate seine Wohnung neu einzurichten oder seinen Kleiderschrank auf den Kopf zu stellen.

Nimm dir einen Augenblick Zeit für folgende Fragen:

- In welchen Situationen kommen bei dir Konsumgedanken auf?
- Wie fühlst du dich in den Situationen, in denen du etwas kaufen möchtest?
- Kaufst du die Dinge für dich oder, um anderen zu gefallen?
- Wie oft hast du schon etwas gekauft, das du nachher bereut hast?
- Kaufst du aus Langeweile?
- Konsumierst du, um dich zu belohnen?

# Minimalismus

Wusstest du, dass 40 Prozent der Kleidungsstücke nur sehr selten oder nie getragen werden? 18 Prozent der Klamotten werden sogar nur zweimal getragen. Laut einer Umfrage besitzen deutsche Frauen im Schnitt 118 Kleidungsstücke, Männer 73 Teile. 60 Kleidungsstücke werden jährlich gekauft. Und trotzdem haben wir ständig das Gefühl, nichts zum Anziehen zu besitzen. Wie kann das sein?[24]

## Der durchschnittliche Kleiderschrank

**40 %**  wird selten oder nie getragen

**18 %**  wird nur zweimal getragen

Frauen:
118 Teile

**60**  neue Teile werden jährlich gekauft

Männer:
73 Teile

Der Lebensstil des Minimalismus taucht seit einigen Jahren immer häufiger in den Medien auf: sowohl in Zeitungsartikeln als auch auf Social Media. Dabei geht es darum, durch bewussten Konsum und Hinterfragen des eigenen Besitzes sein Leben zu vereinfachen. Ziel ist es, deine eigene Lebensqualität zu steigern und den Dingen nachzugehen, die dich wirklich langfristig glücklich machen. Dabei geht es nicht nur um das Ausmisten von materiellem Eigentum. Auch »Digital Detox« wird in einer Generation die täglich viele Stunden am Handy hängt, immer beliebter. Für viele Minimalistinnen spielt auch Nachhaltigkeit eine wichtige Rolle. Bewusster Konsum ist oft nicht nur günstiger, sondern auch nachhaltiger. So kannst du Kleidungsstücke auf dem Flohmarkt oder in Secondhandläden für wenige Euro bekommen, die neu ein Vielfaches kosten würden.

## Minimalisten konsumieren bewusster

Dadurch, dass Minimalisten bewusster konsumieren und Ausgaben hinterfragen, haben sie oft geringere Lebenshaltungskosten. Das ermöglicht es ihnen, ihre Arbeitszeit zu reduzieren und von mehr Freizeit zu profitieren. Wenn du nur 1000 Euro pro Monat ausgibst, musst du bei gleichem Stundenlohn weniger lang arbeiten als eine Person, deren monatliche Kosten bei 2000 Euro liegen (zudem fallen hier noch viel mehr Abgaben an).

Außerdem führt Minimalismus häufig dazu, dass mehr Geld zur Seite gelegt und investiert werden kann. So haben einige das Ziel, finanzielle Unabhängigkeit zu erreichen. Was das konkret bedeutet, ist nicht klar definiert. Hinweise dazu geben wir oben auf Seite 14. Für viele heißt es, ihre Ausgaben komplett durch passive Einkünfte wie Zinsen oder Dividenden decken zu können. Dabei geht es nicht primär um eine konkrete Summe, sondern darum, dass du Geld als Mittel zum Zweck siehst. Eine Möglichkeit, dir mehr Freiheit und Freizeit zu verschaffen für die Dinge, die dir wirklich am Herzen liegen.

Minimalistisch zu leben, heißt also nicht, dass du dich einschränken sollst oder nur eine bestimmte Anzahl an Dingen besitzen darfst, sondern mehr im Weniger zu sehen. Damit gehen mehrere Vorteile einher: mehr Fokus, Ordnung und Klarheit und weniger Stress und Überforderung.

Obwohl es anfangs vielleicht schwer ist, den vielen Angeboten und Verlockungen zu widerstehen, lohnt es sich also. Vielleicht ist auch eine No-Buy-Challenge etwas für dich. Dabei geht es darum, eine gewisse Zeit nichts Neues zu kaufen, außer es geht beispielsweise etwas kaputt. Man könnte es auch Konsumdiät oder Konsumfasten nennen. So kannst du den Teufelskreis des Konsums durchbrechen, sparst Geld und schonst Ressourcen. Überleg dir einen Zeitraum für die Challenge und setze dir am besten ein paar Regeln. Zum Beispiel könntest du festlegen, dass du Kleidungsstücke oder Kosmetika nur nachkaufst, wenn etwas kaputt- oder ausgegangen ist.

## No-Buy-Challenge

✓ bewusster Konsum

✓ Geld sparen

✓ Geld nur für Notwendiges ausgeben

✓ Keine Spontankäufe

Beispielregeln:

**Kleidung, Deko & Kosmetik:** nur wenn etwas kaputt/leer ist

**Lebensmittel & Hygiene:** keine Vorräte/Vorräte aufbrauchen

**Bei einem Kauf:** drei Dinge aussortieren

**Erlebnisse, Geschenke, Bücher & Investitionen:** sind okay

**Ausgaben:** täglich notieren

Viele Forschende sind diesen Fragen ebenfalls nachgegangen. Nun hat das Journal of Positive Psychology eine Metaanalyse von 23 Studien zum Thema Minimalismus und Wohlbefinden veröffentlicht. Und das Team um Joshua Hook von der University of North Texas bestätigt tatsächlich: Ein minimalistisches Leben macht glücklicher. Mehr als 80 Prozent der Studien konnten eine positive Verbindung zwischen einem bewusst einfachen Leben und mehr Wohlbefinden nachweisen. Das konnten sowohl quantitative Untersuchungen als auch solche mit einer qualitativen Wertung, also etwa Interviews, bestätigen.

Die Forschenden führen diesen Zusammenhang vor allem darauf zurück, dass Minimalistinnen und Minimalisten ihr Konsumverlangen besser kontrollieren können als andere. Stattdessen beschäftigen sie sich mehr mit ihren psychologischen Bedürfnissen, vor allem solchen, die zur Persönlichkeitsentwicklung beitragen, also Themen wie Unabhängigkeit und Kompetenz.[25]

# Frugalismus

Daniela ist in einer Zeit aufgewachsen, in der »höher, schneller, weiter« als schick galt. Ihre Eltern waren Kriegskinder. Ihr Vater musste mit 16 in den Krieg ziehen. Ihre Mutter war während des Zweiten Weltkriegs noch ein Kind, litt viel Hunger und ihre Familie wurde ausgebombt. Diese Generation hat sich nach Kriegsende ihren Wohlstand hart erarbeitet. Daniela ist mit Sprüchen aufgewachsen wie »Schaffe, schaffe Häusle baue« oder »Von nichts kommt nichts« und ihr wurde immer wieder signalisiert: »Du musst dich anstrengen, du musst leisten!« Das tat sie! 20 Jahre höher, schneller, weiter hinterließen ihre Spuren. Sie arbeitete bis zum gesundheitlichen Zusammenbruch. Erst dann kapierte sie, dass es nicht Sinn des Lebens ist, immer mehr Geld zu scheffeln, in einem großen Haus zu wohnen und ein tolles Auto zu fahren.

**Frugalisten möchten vom Ersparten leben**

Dass Valentina früher einmal die Shopping-Queen war, hast du ja schon erfahren. Wir haben also beide unsere Konsumvergangenheit.

Natürlich kann es toll sein, ein Leben in Luxus oder mit entsprechenden Luxusgütern zu führen, doch die Frage ist, wie wichtig ist das wirklich?

- **Variante 1:** Es ist dir superwichtig. Dann solltest du dir die Frage stellen, wie du es mit Leichtigkeit erreichen kannst, zum Beispiel durch entsprechende Finanzsysteme. Du wirst weiter hinten im Buch noch diverse Möglichkeiten zum Geldsparen und Investieren kennenlernen. Vielleicht verdienst du aber auch so viel, dass du es dir mit Leichtigkeit aus deinen Einnahmen heraus leisten kannst? Dann spricht nichts dagegen, dass du in entsprechender Fülle lebst.
- **Variante 2:** Du beschäftigst dich mit den Themen Minimalismus und Frugalismus. Wie viel brauchst du wirklich zum Glücklichsein? Je mehr du dein Konsumverhalten hinterfragst und je geschickter du dein Geld und einen Teil deiner Einnahmen investierst, umso eher wirst du die finanzielle Unabhängigkeit erreichen.

Hast du das Wort »Frugalismus« schon mal gehört? Unter Frugalismus wird eine Lebenshaltung verstanden, die dem Minimalismus sehr nahekommt. Wer frugal lebt, hat das Ziel, möglichst frühzeitig aus dem eigenen Ersparten leben zu können, ohne auf ein regelmäßigen (Arbeits-)Einkommen angewiesen zu sein. Die Folge daraus ist, dass du selbst über deine eigene wertvolle Lebenszeit bestimmen und tun kannst, was dir Spaß macht.

Um das möglichst im jungen Alter zu erreichen, ist es vermutlich erforderlich, dass du bewusst auf deine Ausgaben schaust, um Geld, welches du durch Konsumverzicht einsparst, geschickt zu investieren. Wenn du aus deinem Ersparten und/oder aus deinem passiven Einkommen leben kannst, dann hast du Zeit für genau die Herzensthemen, die dich glücklich machen – unabhängig davon, ob du ein Einkommen daraus generieren kannst oder nicht.

Keine der beiden Varianten ist besser oder schlechter, sondern es geht um die bewusste Entscheidung für oder gegen Konsum. Es darf natürlich auch eine Mischung aus beidem sein.

## Was Frugalismus nicht ist:

Leider wird das Konzept des Frugalismus häufig falsch verstanden. Auf den ersten Blick könnte es so rüberkommen, als würden Frugalisten ihre gesamte Lebensfreude auf später verschieben, Klopapier zweimal verwenden und verbittert einem Job nachgehen, den sie nicht mögen. Keine Urlaube, keine tollen Erlebnisse, kein leckeres Essen – so wird Frugalismus leider oft in den Medien dargestellt. »Und dann stirbt man mit 35 und hat nie was vom Leben gehabt. Toll, oder?« – solche und ähnliche Kommentare findet man immer wieder.
Doch nun wird aufgeräumt mit den Frugalismus-Mythen und -Vorurteilen.

*Vorurteil 1: Jeder Cent wird dreimal umgedreht.*
Das stimmt definitiv nicht. Ja, Frugalisten treffen bewusste Konsumentscheidungen. Das heißt aber nicht, dass man sich vorher fünfmal überlegt, ob man jetzt ein Stück Brot kauft oder nicht.

*Vorurteil 2: Frugalisten fahren nie in den Urlaub und gönnen sich gar nichts.*
Fehlanzeige! Viel mehr kommt es auf die Art des Reisens an. Heutzutage gibt es so viele Möglichkeiten, günstig die Welt zu erkunden, wie zum Beispiel durch Couchsurfing, Backpacking oder Ähnliches. Gerade wenn man in günstigen Ländern unterwegs ist, kommt man vielleicht sogar noch preiswerter weg, als würde man in Deutschland wohnen.

*Vorurteil 3: Als Frugalist lebt man nicht im Jetzt.*
Nur weil man Geld zur Seite legt und investiert, heißt das nicht, dass man kein schönes Leben führen kann. Ganz im Gegenteil: Frugalismus fordert dazu auf, seinen Konsum, den Job und den Sinn seines Lebens zu hinterfragen, und führt eher zu einem bewussteren Leben.

*Vorurteil 4: Frugalisten wollen nicht arbeiten, sondern nur faul herumliegen.*
Definitiv nicht! Frugalisten wollen einfach nur selbst über ihre Zeit entscheiden können. Das heißt aber nicht, dass man nur noch am Strand chillt, denn auch das wird irgendwann langweilig und uninteressant. Vielmehr geht es darum, frei zu sein und auch Projekten nachgehen zu können, die kein Geld einbringen. Denn sind wir mal ganz ehrlich: Wenn Frugalisten so faul wären, gäbe es vielleicht auch andere Wege, seinen Lebensunterhalt zu finanzieren.

Um minimalistisch und frugal zu leben, mache dir bitte Folgendes bewusst: Es geht um Entstressung, nicht um einen Rückschritt, wenn du dir eine kleinere Wohnung nimmst oder dein Auto verkaufst und aufs Fahrrad umsteigst (ist zusätzlich auch noch gesünder und umweltverträglicher).

**Es geht um Entstressung**

# Kaufst du dir Glücksmomente?

Wir wollen an dieser Stelle nochmals auf den Beginn dieses Kapitels zurückkommen und dir ein paar liebevoll gemeinte Tipps mit an die Hand geben. Stelle dir bei allen Konsum- oder Luxusausgaben die Fragen aus der Überschrift: Kaufst du dir gerade Glücksmomente und wenn ja, wie lange halten sie an?

Beispiel: *Du möchtest ein Wellness-Wochenende in einem Luxushotel verbringen. Der Wunsch ist durchaus nachvollziehbar. Doch hinterfrage: Ist es wirklich ein echter Herzenswunsch oder ist es vielleicht eine Flucht vor dem Stress? Was genau bezweckst du damit und wie lange hält das Glücksgefühl an? Brauchst und willst du es wirklich und wenn ja, warum?*

Wenn du beispielsweise einfach mal ausspannen möchtest, könntest du dir die Frage stellen, was du stattdessen tun könntest. Suche dir eine günstigere Alternative und lege das eingesparte Geld an. Du lernst im Laufe des Buches noch viele Möglichkeiten hierfür kennen.

**Es gibt fast immer günstige Alternativen**

Mal angenommen, das Luxus-Wellnesshotel kostet dich 500 Euro. Du findest eine Alternative für nur 200 Euro. Dann könntest du die Differenz von 300 Euro sparen und für dich arbeiten lassen. Irgendwann wirst du ein Vielfaches von diesen 300 Euro haben, wenn du sie geschickt anlegst. Verstehe uns nicht falsch. Wenn es für dich ein tolles Erlebnis darstellt und es dir Kraft und Energie gibt, dann buche dir auch gerne zwischendurch den Luxus. Es geht uns um das konsequente Geld- und Ausgabenbewusstsein, stets verbunden mit der Frage: Brauche ich das gerade wirklich? Möchte ich dafür jetzt wirklich Geld ausgeben? Lass uns noch ein zweites Beispiel anschauen:

Beispiel: *Vielleicht hast du den Wunsch nach einem schicken Neuwagen und hast eventuell sogar ein super Finanzierungsangebot mit ganz geringen oder gar keinen Zinsen von deinem Autohaus erhalten. Dann hinterfrage dich selbst: Möchtest du dieses Auto wirklich abbezahlen? Wie lange hält wohl das Glücksgefühl für dieses Auto wirklich an? Wann ist es Normalität und nichts Besonderes mehr in deinem Leben?*

*Mal angenommen, du hast über sechs Jahre eine Rate von 200 Euro monatlich für dein Auto zu zahlen und es würde dir nach sechs Jahren gehören. Dann hast du ein sechs Jahre altes Auto, das im Wert extrem viel niedriger ist als der Neupreis. Wenn du dagegen monatlich 200 Euro beispielsweise in einem Investmentfonds sparen würdest und dieser Fonds im Durchschnitt nur 3 Prozent bringen würde, dann hättest du nach sechs Jahren ein Guthaben von rund 15.775 Euro zur Verfügung. Was wählst du? Ein schickes Auto, das nach sechs Jahren viel weniger wert ist, oder das Kapital am Ende der sechs Jahre?*

Du magst jetzt dagegenhalten, dass du vielleicht ein Auto benötigst, weil du auf dem Land wohnst und damit zur Arbeit fahren musst oder auch einfach nur flexibel sein möchtest. Das ist völlig in Ordnung und nachvollziehbar. In einem solchen Fall kannst du dir überlegen, ob du wirklich einen Neuwagen haben möchtest oder ob es auch ein kleiner Gebrauchter sein darf. Unser Tipp: Werde dir darüber bewusst, was du wirklich haben möchtest und was du tatsächlich brauchst. Es geht uns darum, dein Geldbewusstsein zu schärfen. Entscheide dich bewusst für oder gegen bestimmte Ausgaben.

Wenn du so etwas mal selbst ausrechnen möchtest, findest du viele Zins- und Zinseszinsrechner im Netz. Du kannst in die Suchleiste beispielsweise »Zinsrechner online« oder »Sparplanrechner online« eingeben.

Nicht immer geht es um größere Ausgaben. Auch bei den kleineren Ausgaben heißt es, bewusste Entscheidungen zu treffen. Mal angenommen, du kaufst dir drei Mal pro Woche einen Coffee to go für beispielsweise 3 Euro. Und weil die belegten Brötchen beim Bäcker so lecker sind, gönnst du dir zwei Mal pro Woche ein solches Brötchen (ist ja auch bequem, wenn man zu Hause nichts vorbereiten muss, bevor es zur Schule, in die Uni oder zur Arbeit geht). Mal angenommen, dieses Brötchen kostet ebenfalls jedes Mal 3 Euro. Dann gibst du pro Woche 15 Euro dafür aus. Auf vier Wochen gerechnet sind das dann schon 60 Euro. Auf den Monat gerechnet sind das somit 67,50 Euro. Wenn du dieses Geld stattdessen in einen Investmentfonds investierst und dieser beispielsweise durchschnittlich 6 Prozent Rendite bringt, dann hast du nach fünf Jahren rund 4700 Euro. Selbst wenn du nur 2 Prozent Rendite erhalten würdest, kämst du nach fünf Jahren auf ein Guthaben von rund 4250 Euro.

Unser Appell: Du brauchst nicht auf alles zu verzichten, doch kaufe mit Bedacht und vor allem bewusst. Was brauchst du wirklich? Macht es dich glücklich, und wenn ja, wie lange?

Möchtest du dir bewusst etwas gönnen oder übst du Verzicht, damit du in absehbarer Zeit in finanzieller Unabhängigkeit leben kannst? Wenn du ein bestimmtes Bedürfnis hast, kannst du dir Gedanken darüber machen, wie du genau dieses Bedürfnis oder diese Sehnsucht auch mit weniger oder gar keinem Geld stillen kannst.

# Geld und Gesundheit

Wusstest du, dass reiche Menschen länger leben als Personen mit niedrigerem Einkommen? Mehrere Studien weisen einen Zusammenhang zwischen Wohlstand und Lebenserwartung nach. Es zeigt sich, dass ärmere Teile der Gesellschaft häufiger von kardiovaskulären Erkrankungen wie Diabetes, Herzinfarkt oder Schlaganfall betroffen sind.

Zudem gaben 35 Prozent der befragten Deutschen an, dass Geld ihr größter Stressfaktor sei. Damit liegt Geld sogar noch vor den Stressfaktoren Arbeit (32 Prozent), Gesundheit (31 Prozent) oder Familie (22 Prozent).[26] Außerdem stellen finanzielle Angelegenheiten einen sehr häufigen Trennungsgrund dar. Geld gilt also nicht nur als größter Stressfaktor, sondern ist auch ein häufiges Streitthema in Beziehungen. Und trotzdem gilt es immer noch als Tabuthema! Nicht zuletzt gibt es den Spruch »Über Geld spricht man nicht, Geld hat man«.

**Die größten Stressfaktoren der Deutschen**

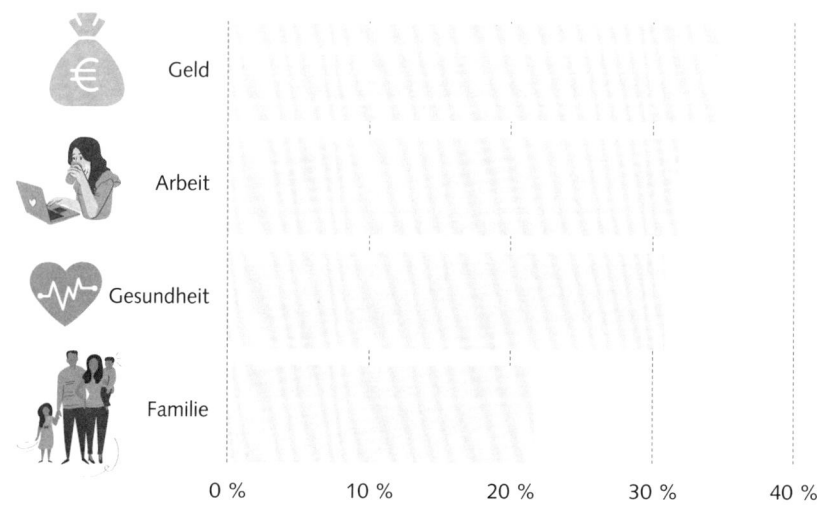

Kein Geld zu haben, kann leider Folgendes bedeuten:

- Schlafstörungen,
- psychische Probleme,
- körperliche Probleme.

Eine Studie aus den USA hat gezeigt, dass höhere Einkommensverluste mit dem Risiko einer Herzerkrankung korrelierten. Dabei ging eine Reduktion des Einkommens von mindestens 25 Prozent mit einem doppelt so hohen Risiko für Herzerkrankungen in den nächsten zehn Jahren einher. Das Mortalitätsrisiko von Personen, die im Befragungszeitraum mehrere finanzielle Rückschläge erlitten hatten, war fast doppelt so hoch.[27]

Auch psychische Erkrankungen können dazu führen, dass Menschen mehr Geld ausgeben. In manischen Phasen, die beispielsweise im Rahmen der bipolaren Erkrankung auftreten, buchen Betroffene häufig teure Urlaube, leben über ihre Verhältnisse und überschätzen ihre finanziellen Möglichkeiten. Im Gegensatz dazu versuchen depressive Personen oftmals ihre Stimmung durch Konsum zu verbessern.

Dass für Schulden oft hohe Zinsen anfallen, ist kein Geheimnis. Doch Schulden zu haben, kostet nicht nur Geld, sondern oft auch unsere Gesundheit. Einerseits können Schulden krank machen, andererseits können gesundheitliche Einschränkungen auch zu finanziellen Schwierigkeiten führen.

Ungefähr vier von fünf Personen, die eine Schuldnerberatung aufsuchen, leiden laut einer Studie der Universitäten Mainz und Erlangen-Nurnberg an mindestens einer Erkrankung, dabei handelt es sich meistens um psychische sowie Gelenk- und Wirbelsäulenerkrankungen.[28]

Da Schulden immer noch ein Tabuthema sind und nicht offen darüber gesprochen wird, verdrängen viele Betroffene ihre Geldprobleme. Das führt wiederum häufig dazu, dass der Schuldenberg weiter anwächst und damit auch die negativen Folgen auf ihre Gesundheit. Erfreulich ist jedoch, dass sich die gesundheitliche Situation deutlich verbessert, wenn die Schulden beglichen werden.

Indem du dich mit deinen Finanzen auseinandersetzt, tust du also auch deiner Gesundheit etwas Gutes. Du übernimmst mehr Verantwortung für dich und dein Leben und wirst immer unabhängiger. Geld ist auch eine Form von Selfcare!

# Achtung vor Konsumfallen!

Mit Konsumfallen meinen wir Ausgaben für Angebote, die erst einmal verlockend klingen, aber in der Summe ganz schön ins Geld gehen können. Dazu gehören typischerweise Abos und Kleinkredite.

Wie schnell lässt du dich von verlockenden Angeboten dazu verleiten, auf »kaufen« zu drücken? Summen wie 2,99 Euro oder 6,99 Euro pro Monat klingen für vermeintlich viel Leistung erst einmal wenig. Doch hier drohen zwei Gefahren. Erstens: Es läppert sich. Ein Kleinbetrag kommt zum nächsten und schnell hast du Kosten von 20, 30, 60 oder noch mehr Euro pro Monat. Zweitens werden solche Abos mit der Zeit auch manchmal teurer, weil das günstige Angebot nur für eine gewisse Zeit gilt.

Ähnlich ist es bei Kleinkrediten und Ratenzahlungen. Jede Ratenzahlung ist auch ein Kleinkredit. Der einzelne Vertrag fällt vielleicht nicht so sehr ins Gewicht, aber aus mehreren einzelnen Verträgen mit Minisummen entsteht nach und nach auch eine größere Summe, die monatlich bezahlt werden muss.

*Daniela hat als Immobilienfinanzierungs-Spezialistin darauf noch einen ganz anderen Blick:*

*In meiner Vergangenheit konnte manch ein Kunde seinen Traum von der eigenen Immobilie (entweder zum Selbstbewohnen oder zum Vermieten) deswegen nicht erfüllen, weil zu viele Ratenverträge da waren. Negativ wird es vor allem von Kreditprüfern gesehen, wenn gleich mehrere Ratenzahlungsverträge vorhanden sind. Ab drei wird es kritisch mit der Kreditgenehmigung, unabhängig von der Höhe der monatlichen Rate. Es geht eher um die Grundeinstellung. Wenn jemand selbst kleine Summen finanzieren muss (weil beispielsweise kein angespartes Geld da ist), wie soll die gleiche Person es schaffen, sechsstellige Kredite für Immobilien abzubezahlen?*

Übrigens: Ein einziger größerer Kredit wirkt sich weniger negativ auf deine sogenannte Bonität (deine Zahlungsfähigkeit aus Sicht der Bank) aus als viele kleinere Ratenverträge, vor allem, wenn auch noch Eigengeld (= angespartes Geld) zum Beispiel für die Kaufnebenkosten einer Immobilie oder für unvorhergesehene Ausgaben vorhanden ist.

Deswegen unser Tipp: Versuche Ratenzahlungsverträge und Kredite weitestgehend zu vermeiden.

Lass uns zwei brisante Themen noch einmal genauer anschauen: Abofallen und Klarna-Schulden

**Vermeide Konsumschulden!**

## Abofallen

Gutscheine, Angebote zum Testen und vieles mehr wird im Internet vermeintlich kostenlos angeboten. Um von den Möglichkeiten profitieren zu können, muss man angeblich nur seine Daten angeben – ansonsten sind auf den ersten Blick keine Kosten ersichtlich. Doch leider verstecken sich hinter solchen Angeboten häufig Abofallen und du wirst mit Zahlungsaufforderungen oder Mahnschreiben überrascht.

Wichtig ist, dass du eine gesunde Skepsis an den Tag legst und dir die AGB durchliest. Was auch helfen kann, ist, einen Screenshot von der Seite zu machen. Gib auf keinen Fall deine Bankverbindung an.

Wenn du auch in so eine Falle getappt bist, bleibe erst mal ruhig. Oftmals sind Mahnbriefe sehr aggressiv und bedrohlich formuliert, denn deren Ziel ist, dir Angst einzujagen und dich unter Druck zu setzen. Informiere dich zum Beispiel bei der Verbraucherzentrale, dort findest du auch Hinweise, wie du auf Rechnungen und Mahnungen reagieren solltest. Sammle Beweise und schicke direkt eine schriftliche Kündigung, am besten durch einen eingeschriebenen Brief. Außerdem kannst du verdächtige Seiten melden oder bei der Polizei anzeigen.

## Klarna-Schulden

Klarna ist ein schwedischer Zahlungsanbieter, der sich vor allem bei Onlinekäufen großer Beliebtheit erfreut. Heute kaufen und erst in 30 Tagen bezahlen. Oder du vereinbarst Ratenzahlung und kannst deine Rechnung bequem in beispielsweise 24 Monatsraten bezahlen. Doch Achtung, die Gefahr, dass du einen gewaltigen Schuldenberg ansammelst, ist groß!

Immer wieder teilen junge Menschen auf Social Media ihre Klarna-Schulden. Allerdings ist es nicht unbedingt so, dass sie darüber aufklären, sondern es wird ein Wettbewerb daraus gemacht: Wer die meisten Klarna-

Schulden aufweist, hat gewonnen. »Buy now, pay later« ist zu einem Trend geworden. Studien zeigen, dass insbesondere die junge Generation auf Buy-now-pay-later-Anbieter zurückgreift. Außerdem ist es sogar so, dass dadurch mehr gekauft wird und Händler ihren Umsatz steigern können. Der Bestellbetrag ist um 58 Prozent höher und die Anzahl der Kunden, die bestellen, erhöht sich um 30 Prozent.

Doch was ist eigentlich so schlimm daran, später zu bezahlen? Hier unterscheidet man zwischen »auf Rechnung kaufen« und der Ratenoption. Das Problem bei beidem ist, dass du dazu verleitet wirst, Dinge zu kaufen, die du dir womöglich gar nicht leisten kannst. Außerdem fallen beim Kauf auf Raten meist Zinsen an. Hier ein Beispiel:

**Beispiel:** *Angenommen, du möchtest eine Kamera für 699 Euro kaufen und der effektive Jahreszinssatz beträgt 14,8 Prozent, wenn du über Klarna bezahlst. Du möchtest die Kamera innerhalb von drei Jahren abbezahlen. Die Zinsen, die du für den Kredit anfallen, liegen bei insgesamt 159,58 Euro. Das heißt, du zahlst statt der 699 Euro insgesamt 858,88 Euro für die Kamera, das sind über 22 Prozent mehr als der ursprüngliche Preis!*

**Die Kosten von »buy now, pay later«**

14,8 % effektiver
Jahreszins

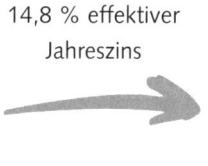

+ 159,58 €

Kamera für 699 €                    Kamera für 858,88 €

Durch Buy-now-pay-later-Anbieter kannst du dir Konsumwünsche zwar schon früher erfüllen, musst dafür oft aber auch deutlich mehr zahlen. Außerdem solltest du dir bewusst sein, dass du auf Kosten deiner Zukunft lebst. Du gibst Geld aus, dass du erst erwirtschaften musst. Doch das ist nicht die einzige Folge.

Hinzu kommt, dass Klarna auch eine Bonitätsabfrage macht, um dir einen Kredit vermitteln zu können. Zahlst du deine Kreditraten zu spät, kann dies einen negativen SCHUFA-Eintrag zur Folge haben. Außerdem solltest du bedenken, dass du deinen Kreditrahmen möglichst gering hältst, vor allem, wenn du vorhast, einen Immobilienkredit aufzunehmen.

## Der SCHUFA-Score

Mit dem SCHUFA-Score wird beschrieben, wie wahrscheinlich du einen Kredit erhältst. Das heißt, der SCHUFA-Score ist eine Möglichkeit, deine Bonität einzustufen. Der Score wird von der SCHUFA ermittelt, indem sie Daten von Konsumentinnen und Konsumenten sammelt. Für die Berechnung erhält sie Informationen von Banken und Sparkassen, Telekommunikationsanbietern, Leasingunternehmen oder auch öffentlichen Schuldnerverzeichnissen. Der SCHUFA-Score entspricht einer Zahl zwischen 0 und 100. Je höher, desto besser – also desto kreditwürdiger – wird jemand eingestuft. Bei der SCHUFA lässt sich zudem zwischen Basis-Score und Branchen-Score unterscheiden. Als sehr gut gilt ein SCHUFA-Basis-Score von über 97. Ein Score von 100 kann jedoch nicht erreicht werden. Das liegt daran, dass ein Zahlungsausfall nie zu 100 Prozent ausgeschlossen werden kann. Niemand ist vor plötzlichen Ereignissen wie zum Beispiel einem Unfall oder dem Tod geschützt.

Der Branchen-Score enthält jedoch mehr Aussagekraft, da er die Bonität für unterschiedliche Geschäftsbereiche widerspiegelt. Dazu zählen zum Beispiel Banken, Einzelhandel, Immobilien oder der Online-Versandhandel. Die Berechnung der jeweiligen Branchen-Scores erfolgt unterschiedlich, zudem erfolgt eine Einteilung in unterschiedliche Ratingstufen. Nur weil jemand beispielsweise im Einzelhandel immer alle Rechnungen sofort begleicht, heißt das nämlich nicht, dass das bei einer Immobilienfinanzierung auch der Fall ist.

Was wirkt sich negativ auf deinen SCHUFA-Score aus? Es gibt einige Dinge, die sich negativ auf deinen Score auswirken, die du im besten Fall vermeiden solltest. Dazu gehören zum Beispiel verspätete Zahlungen, offene Rechnungen, Einträge im Schuldnerverzeichnis oder Mahnverfahren. Auch das Stellen vieler Kreditanfragen, häufiger Bankenwechsel oder ein Insolvenzverfahren verschlechtern beispielsweise deinen SCHUFA-Score.

## Wie verbessere ich meinen SCHUFA-Score?

Deinen SCHUFA-Score kannst du verbessern, indem du die oben genannten Dinge vermeidest.

- Rechnungen fristgerecht bezahlen: So tust du nicht nur deinem SCHUFA-Score etwas Gutes, sondern sparst dir auch unnötige Mahngebühren.
- Unnötige Girokonten und Kreditkarten kündigen: Mehrere Konten können sich negativ auf deinen Score auswirken, da sie den Eindruck geben können, dass du finanzielle Schwierigkeiten hast.
- Girokonto nicht überziehen: Auch die Überziehung des Kontos kann gegebenenfalls an die SCHUFA gemeldet werden und wirkt sich negativ darauf aus. Deshalb solltest du darauf lieber verzichten.
- Einen einzigen Kredit statt mehrerer kleiner aufnehmen oder kleinere Kredite umschulden: Zum einen ist ein einzelnes Darlehen häufig übersichtlicher und zum anderen wirken sich viele kleine Kredite negativ auf den SCHUFA-Score aus. Auch die Umschuldung von mehreren kleinen Krediten auf einen großen ist vorteilhafter für den Score.
- Seltener umziehen: Da Umzüge auch genutzt werden können, um die Einforderung von Schulden zu erschweren, stuft die SCHUFA häufige Umzüge negativ ein.
- Bei einem Kreditvergleich eine SCHUFA-neutrale Anfrage stellen: So vermeidest du, dass die Bank die Anfrage bei der SCHUFA vermerkt. Eine SCHUFA-Auskunft kann nur erfolgen, wenn dem Kreditinstitut viele wesentliche Daten vorliegen.

Wie erfahre ich meinen SCHUFA-Score? Dein Score wird alle drei Monate aktualisiert. Einmal im Jahr kannst du bei der SCHUFA einen kostenlosen Einblick im Rahmen der Selbstauskunft beantragen. Außerdem bist du dazu berechtigt, falsche Einträge zu berichtigen oder löschen zu lassen.

**Der Score wird vierteljährlich aktualisiert**

## Lifestyle-Inflation

Wenn du auf Kredit konsumierst, gibst du Geld aus, dass du in der Zukunft erst erarbeiten musst. Mit einem Buy-now-pay-later-Lifestyle lebst du also auf Kosten deiner Zukunft. Und das führt vor allem zu einem: Du wirst immer unfreier in deinem Tun und Handeln.

Je mehr Kredite du abbezahlen musst und je höher deine Lebenshaltungskosten sind, desto mehr musst du in der Regel arbeiten. Dadurch bist du nicht nur stark abhängig von deinem Gehalt. Es kann dir auch passieren, dass du andere wichtige Dinge in deinem Leben, zum Beispiel deine Familie, Freunde oder Hobbys, vernachlässigst. Im Endeffekt kann sich die sogenannte Lifestyle-Inflation zu einem Teufelskreis entwickeln.

**Die Lifestyle-Inflation wird leicht zum Teufelskreis**

**Geld-Zeit-Gefängnis**

mehr Gehalt

mehr Konsum und Verbindlichkeiten

weniger Zeit

mehr Arbeit

Je mehr du besitzen möchtest, desto mehr Geld brauchst du, um dir diesen Lifestyle leisten zu können. Ein Zitat aus dem Film *Fightclub* finden wir dazu sehr passend: »Alles, was du besitzt, besitzt irgendwann dich.« Mit Eigentum gehen nämlich häufig auch Instandhaltungskosten einher, die ebenfalls bedacht werden müssen. Du musst die Dinge putzen, gegebenenfalls reparieren oder ausmisten. Vielleicht gefällt dir das Sofa, das du auf Kredit gekauft hast, in ein paar Monaten gar nicht mehr? Oder das auf Raten finanzierte Smartphone fällt dir ins Wasser und du musst es immer noch über Jahre abbezahlen?

Ein kreditfinanziertes Leben macht dich auch viel abhängiger von deinem Gehalt. Eine Kündigung fällt viel leichter, wenn man geringe Ausgaben sowie ein finanzielles Polster hat. Anders sieht es aus, wenn du von Gehalt zu Gehalt lebst oder deine Ausgaben durch Kredite finanzierst.

Das Geld-Zeit-Gefängnis ist programmiert und macht unfrei.

## Zwischenfazit:

Es geht in deinem Leben nicht darum, dass du auf alles verzichten sollst, denn das Leben soll dir Spaß machen. Doch überlege bei deinen Konsumausgaben genau, ob jede Ausgabe gerade wirklich notwendig ist und vor allem dir langfristig einen Mehrwert bringt. Wie viel Freude bringt dir das, was du kaufen möchtest, wirklich? Der Coffee to go ist ein schönes Beispiel dafür. Zwischen Tür und Angel gekauft und schnell getrunken erfüllt er höchstens den Zweck des schnellen Wachmachers. Braucht es dafür wirklich einen teuren Kaffee von Starbucks? Genießerisch, vielleicht an einem schönen Ort und mit Zeit getrunken kann er dir wundervolle Momente verschaffen, die in deiner Erinnerung bleiben und dich beflügeln. Es geht nicht um dauernden Verzicht. Es geht um Bewusstheit über die Ausgaben, oder kurz gesagt: um die Geld-Konsum-Bewusstheit.

# Her mit dem Cashflow – wie du dir Geldquellen erschließt

Im Leben in unserer westlichen Welt brauchen wir Geld, keine Frage. Schon der Volksmund sagt: »Ohne Moos nichts los.« Natürlich kannst du mit sehr wenig Geld auskommen, doch wenn mehr Geld vorhanden ist, fällt so manches im Leben leichter. Nicht jeder wird in einem wohlhabenden Elternhaus geboren und bekommt direkt nach der Schule einen gut bezahlten Job. Doch egal wie deine finanziellen Grundlagen heute sind, du kannst es schaffen, einen Kapitalstock aufzubauen und dir sogenannte passive Einkommensquellen zu erschließen. Erinnerst du dich an den Anfang des Buches? Da sind wir schon einmal auf das Thema aktives und passives Einkommen eingegangen.

Als Kurzdefinition kannst du dir merken:

- Aktives Einkommen: Du tauschst deine Lebenszeit gegen Geld. Du tust aktiv etwas dafür, dass Geld reinkommt. Du bist beispielsweise in einem Angestelltenverhältnis berufstätig oder du lässt dich selbstständig auf Stundenbasis bezahlen.
- Passives Einkommen: Das sind Einkommensquellen, die auch ohne die Investition deiner Lebenszeit weiter fließen. In der Regel hast du allerdings vorher schon etwas dafür getan und es entsprechend aufgebaut. Ein Beispiel hierfür ist eine Mieteinnahme. Um eine Mieteinnahmen zu erhalten, musst du vorher eine Immobilie gekauft haben.

Manche Einkommensquellen sind nicht klar in die eine oder andere Kategorie einzusortieren, etwa eine Tippgeberprovision (im Online-Marketing auch Affiliate genannt): Du gibst aktiv einen Tipp, jemand anderes kauft etwas und du erhältst Geld dafür. Du hast vielleicht nur einen kurzen Moment deiner Lebenszeit investiert und es fließt Geld. Doch meistens nur einmal, bis der Nächste kauft. Deswegen ist dies weder klar in die eine oder andere Kategorie einzuordnen.

| Aktive Einnahmequellen | Passive Einnahmequellen | Andere/ Semipassive |
|---|---|---|
| Reselling | Zinsen | Affiliate-Marketing |
| Plasma spenden | Dividenden | Verkauf von Büchern, Kursen ... |
| Nebenjobs | Mieteinnahmen | YouTube Videos |

## Aktives Einkommen

Wie in der Einleitung zu diesem Kapitel schon beschrieben, wird von aktivem Einkommen gesprochen, wenn du Zeit gegen Geld tauschst. Das ist klassischerweise dann der Fall, wenn du dich für deine Arbeitszeit bezahlen lässt.

**Aktives Einkommen – Zeit gegen Geld**

Doch es gibt auch noch andere, ganz spannende aktive Einkommensquellen, die wir dir hier einmal vorstellen wollen.

### Reselling

Beim Reselling geht es darum, Artikel möglichst günstig einzukaufen und teurer weiterzuverkaufen. Die Differenz zwischen Einkaufs- und Verkaufspreis ist dann der Gewinn. Inzwischen gibt es auch schon einige YouTube-Kanäle und Blogs, die über diese Art von Nebeneinkommen berichten. Für das Reselling eignen sich grundsätzlich verschiedene Bereiche. Von Vorteil ist es, wenn du dich in einer Branche bereits gut auskennst. Das können zum Beispiel Uhren, Klamotten, Schuhe oder auch Spiele sein. Insbesondere limitierte Kollektionen oder Sammlerobjekte sind unter Resellerinnen und Resellern beliebt. Der Vorteil von diesem Geschäftsmodell ist, dass man mit relativ wenig Kapital loslegen kann. So kann man einfach mal ein, zwei Artikel kaufen und Erfahrungen sammeln. Den Gewinn kann man dann wieder in den Kauf von neuen Produkten investieren. Achte darauf, möglichst günstig einzukaufen. So könntest du zum Beispiel Rabattaktionen beachten oder secondhand kaufen.

## Plasma spenden

Eine tolle Möglichkeit, nebenbei Geld zu verdienen und gleichzeitig etwas Gutes zu tun, ist, Plasma zu spenden. Du rettest damit sogar Leben und verbesserst gleichzeitig deine finanzielle Situation. Wie hoch die Vergütung ist, variiert von Plasmazentrum zu Plasmazentrum. Bei Valentinas Zentrum liegt die Zeitaufwandsentschädigung bei über 30 Euro pro Spende, wenn man die Boni hinzurechnet. Bei jeder Spende erhält man nämlich einen Treuebonus und auch abgesehen davon gibt es immer wieder Aktionen zu fast jeder Jahreszeit.

Angenommen, du darfst jährlich 50-mal spenden gehen – also beinahe einmal wöchentlich. Mit 30 Euro pro Spende wären das 1500 Euro pro Jahr, also je nach Einkommen fast ein zusätzliches Monatsgehalt.

## Nebenjobs

Auch ein Nebenjob ist eine aktive Einkommensquelle, denn du investierst ja deine Lebenszeit, um als Gegenleistung Geld dafür zu bekommen. Dieses Geld könntest du zum Beispiel investieren, um daraus passive Einkommensquellen aufzubauen.

Es gibt verschiedene Arten von Nebenjobs. Der Klassiker ist, dass du irgendwo angestellt bist und auf Stundenbasis bezahlt wirst.

Du kannst dir nebenbei auch eine Selbstständigkeit aufbauen. Es gibt hochinteressante Möglichkeiten, durch eine Selbstständigkeit auf Dauer auch passive Einkommensquellen zu erschließen. Hierzu gehören zum Beispiel Empfehlungsmarketing (teilweise auch Multi-Level-Marketing genannt), Aufbau von Onlinekursen, das Schreiben eines Buches und vieles mehr.

Beliebt sind insbesondere Minijobs. Dabei handelt es sich um einen Nebenjob, bei dem du bis zu 520 Euro monatlich dazuverdienen kannst. Ein Vorteil ist, dass Minijobs in Deutschland vom Arbeitgeber pauschal mit 2 Prozent versteuert werden können. So fällt für dich keine weitere Einkommensteuer darauf an. Das ist natürlich optimal, denn so könntest du auch einen Teil davon sparen und investieren.

### Eigene Projekte & Side Hustles

Eine weitere Möglichkeit, dir Geld dazu zu verdienen, ist eine Selbstständigkeit. Je nachdem, was dich interessiert und welche Talente du hast, kommen unterschiedliche Side Hustles infrage. Doch was spricht dafür, sich einem eigenen Projekt zu widmen? Zum einen kannst du durch ein Nebenprojekt ausprobieren, ob es dir liegt, selbstständig zu arbeiten. Gerade wenn du dich nebenbei selbstständig machst und nicht auf das Einkommen angewiesen bist, kannst du ganz entspannt starten. Auch wenn du die ersten Monate nichts verdienst, so sammelst du dennoch wertvolle Erfahrungen.

Ein weiterer Vorteil der Selbstständigkeit ist, dass du dein eigener Chef bist. Aber auch das ist nicht unbedingt für jeden etwas. Manche Menschen mögen klare Strukturen vielleicht lieber. Als Unternehmerin kannst du dir häufig deine Zeit frei einteilen. Allerdings heißt das zum Teil auch, dass du nie wirklich Feierabend hast, weil es immer noch etwas zu tun gibt.

Valentina hat sich während des Studiums selbstständig gemacht und erste Einblicke in diesen Bereich gesammelt. So konnte sie einfach starten und schauen, wie es ihr gefällt.

Auch wenn man den Schritt in die Vollzeitselbstständigkeit wagen möchte, sind geringe Ausgaben und ein finanzielles Polster von Vorteil. Je weniger du ausgibst, desto weniger musst du einnehmen, um davon leben zu können. Das führt dazu, dass du deine Lebenshaltungskosten schon früher decken kannst als mit hohen monatlichen Ausgaben. Dem Thema Selbstständigkeit widmen wir uns noch in einem anderen Kapitel ausführlicher.

# Passives Einkommen

**Ziel: möglichst viele passive Einkommensquellen**

Wie bereits zuvor erwähnt, bedeutet passives Einkommen, dass Einnahmen fließen, ohne dass du aktiv etwas dafür eintauschen musst, also zum Beispiel deine Lebenszeit. Natürlich ist es bei den meisten passiven Einkommensquellen so, dass du im Vorfeld etwas dafür getan hast. So musst du natürlich eine Wohnung kaufen, um Mieterträge zu bekommen. Wenn du aus erspartem Geld Zinsen oder Dividenden bekommst, dann hast du natürlich vorher Geld angelegt, zum Beispiel in Form von Wertpapieren. Ein anderes Beispiel: Du hältst gerade dieses Buch hier in den Händen. Irgendwer hat es gekauft – vielleicht du selbst, vielleicht hast du es geschenkt bekommen. Aber mit jedem Buchverkauf fließt ein kleines bisschen Geld an uns Autorinnen. Für uns ist es in diesem Moment ein passives Einkommen. Doch natürlich haben wir im Vorfeld viele, viele Stunden Zeit dafür investiert, es zu schreiben und zu veröffentlichen. Bei Onlinekursen ist es ähnlich. Vielleicht kannst du irgendetwas besonders gut und magst es anderen Menschen beibringen? Dann hast du natürlich im Vorfeld eine Zeitinvestition, um die Audios oder Videos aufzunehmen und sie bekannt zu machen. Doch irgendwann fließt mit jedem verkauften Onlinekurs Geld auf dein Konto – einfach so, ohne dass du zu diesem Zeitpunkt noch viel dafür tun musst.

Ziel sollte es sein, dass du dir im Laufe der nächsten Jahre möglichst viele passive Einkommensquellen erschließt. Ein paar weitere Möglichkeiten (neben Onlinekursen und Buchschreiben) bringen wir dir im Folgenden etwas näher.

## Kapitalerträge

Kapitalerträge sind Einnahmen aus angelegtem Geld. Hierzu gehören vor allem Zinsen, Dividenden und Gewinne aus Kurssteigerungen. Zinsen bekommst du beispielsweise bei Sparprodukten und festverzinslichen Wertpapieren. Dividenden nennt man die jährliche Gewinnausschüttung bei Aktien.

Sowohl bei festverzinslichen Wertpapieren als auch bei Aktien, bei Kryptowährungen, Edelmetallen, Investmentfonds und weiteren Anlagemöglichkeiten kommt noch die Chance der sogenannten Wertsteigerung hinzu.

Beispiel: *Du investierst 500 Euro und möchtest beispielsweise einige Monate später diese Anlage wieder verkaufen. Dann kannst du mit etwas Glück einen höheren Betrag wieder herausbekommen, zum Beispiel 600 Euro. In diesem Fall läge dein Gewinn bei 100 Euro. Achtung: Eventuell zahlst du darauf noch die Kapitalertragssteuer. Doch dazu im späteren Verlauf des Buches mehr.*

## Mieten

Mieteinnahmen bekommst du logischerweise dann, wenn du etwas vermietest. Typischerweise werden Häuser, Wohnungen oder Zimmer vermietet. Natürlich kannst du auch alles andere vermieten, beispielsweise irgendetwas, das du hast und das andere gut gebrauchen können (zum Beispiel Maschinen, Fahrräder, Autos etc.). Am Rande sei erwähnt, dass du immer schauen solltest, dass vermietete Dinge auch entsprechend für die Vermietung versichert sind.

Auf das Thema der eigenen Immobilie gehen wir später noch ein. Doch wir wollen deinen Blickwinkel hier etwas erweitern. Du musst nicht unbedingt Eigentum an einer Sache haben, um etwas zu vermieten. So könntest du beispielsweise auch ein WG-Zimmer in der von dir gemieteten Wohnung untervermieten. Lass dir hierfür aber bitte unbedingt die Genehmigung von deinem Vermieter geben. Inzwischen gibt es auch einige Leute, die sich ein eigenes Airbnb-Business aufgebaut haben. Falls du Airbnb noch nicht kennst: Das ist eine Plattform, auf der du Unterkünfte mieten, aber auch vermieten kannst. Um dieses Business betreiben zu können, musst du die Immobilien nicht unbedingt besitzen. Auch hier kannst du mit Zustimmung des Vermieters Wohnungen anmieten und dann kurzfristig über Airbnb als Ferienwohnung inserieren.

**Du musst kein Eigentum haben, um etwas zu vermieten**

Mieteinnahmen sind, wie andere Einnahmen auch, zu versteuern. Wenn du also tatsächlich ein Zimmer oder irgendetwas anderes vermietest, musst du es als Einnahme in der Einkommenssteuererklärung angeben.

**Kleiner Hinweis hierzu von Daniela:** *Ich erlebe es immer wieder, dass Menschen zu mir sagen: »Das mache ich nicht. Dann muss ich ja Steuern bezahlen.« Meine Antwort darauf lautet stets: »Wer Steuern zahlt, hat auch einen Gewinn gemacht!«*

*Was ist dir lieber? Eine zusätzliche Einnahme zu haben und darauf ein paar Steuern zu zahlen? Oder bevorzugst du es, lieber keine Einnahmen zu haben?*

Denke immer daran: Steuern zahlst du nur, wenn du auch Gewinn gemacht hast. Wenn du beispielsweise 1000 Euro Gewinn gemacht hast, davon dann aber 25 Prozent Steuern zahlen musst, bleiben dir immer noch 750 Euro übrig, die du ohne die Einnahme nicht hättest.

## Empfehlungsmarketing / Multi-Level-Marketing

Es wird gleichermaßen geliebt und gehasst. Und beide Seiten haben recht. Es gibt sehr seriöse Anbieter und es gibt Anbieter, bei denen eine Art Schneeballsystem als Multi-Level-Marketing verkleidet wird.

Zunächst einmal ein paar Erläuterungen zu den Begriffen:

- **Empfehlungsmarketing:** Du empfiehlst etwas und bekommst dafür eine Provision. Affiliate-Marketing ist typischerweise Empfehlungsmarketing. Klassisches Empfehlungsmarketing bedeutet, dass du nur dann Provision bekommst, wenn jemand auf deine Empfehlung hin etwas kauft. Manchmal ist es aber auch so, dass nicht nur du Provision bekommst, wenn jemand nach deiner Empfehlung etwas kauft, sondern auch ein paar andere Menschen, zum Beispiel die Person, von der du für den Verkauf dieser Produkte angeworben wurdest. Das bekannteste Empfehlungsprogramm ist wahrscheinlich das Partnerprogramm von Amazon. Dort kannst du Produkte weiterempfehlen, die du selbst nutzt. Je nach Produktkategorie erhältst du eine unterschiedlich hohe Provision.
  Affiliate-Marketing lässt sich sehr gut mit einem eigenen Blog oder YouTube-Kanal verbinden. So kannst du deiner Community Produkte weiterempfehlen, die du selbst nutzt, und dir damit eine weitere Einnahmequelle schaffen.
  Inzwischen haben die meisten Unternehmen Empfehlungsprogramme entwickelt, bei denen man sich anmelden kann. Falls es keines gibt, kannst du Firmen auch selbst anschreiben und dich erkundigen.
- **Multi-Level-Marketing:** Wie der Name schon sagt, gibt es hier mehrere Level oder auf Deutsch Stufen. Ein Produkt wird verkauft und viele Personen bekommen Provisionen. Wir Autorinnen sehen Multi-Level-Marketing sehr kritisch.

**Beispiel:** *Person A wirbt Person B, damit diese die entsprechenden Produkte verkauft. Wenn B nun etwas verkauft, bekommt sowohl B als auch A eine Provision. B findet nun ebenfalls eine Person, die die Produkte verkaufen will. Wenn diese Person, nennen wir sie C, nun etwas verkauft, bekommen A, B und C Geld. Mal angenommen, C wirbt nun D an und D verkauft etwas, dann bekommen alle vier eine Provision.*

Meistens handelt es sich übrigens um Kosmetikprodukte, Öle oder Nahrungsergänzungsmittel. Aber es gibt natürlich auch viele andere Produkte, die über einen solchen Weg verkauft werden. Du merkst vielleicht schon, dass das nicht unendlich weitergehen kann. Das Produkt hat einen gewissen Herstellungspreis und einen Verkaufspreis. Wenn das Produkt in der Herstellung 50 Euro kostet und für 100 Euro verkauft wird, dann können höchstens 50 Euro verteilt werden.

Augen auf beim Multi-Level-Marketing. Es gibt sicherlich durchaus seriöse und gute Unternehmen. Es ist für dich eine Möglichkeit, ein kleines eigenes Unternehmen innerhalb einer Struktur aufzubauen. Bitte achte aber auf die Vergütungsstrukturen und ob du wirklich noch faire Endkundenpreise anbieten kannst. Wenn du dir eine eigene Verkäuferstruktur aufbaust, dann bedeutet dies natürlich auch, dass du deine von dir betreuten Verkäufer unterstützen und begleiten musst. Du veränderst dein Business dann vom direkten Verkauf weg hin zur Führungskraft. Übrigens: Schneeballsysteme sind in Deutschland verboten, es gibt sie aber zuhauf. Näheres dazu beschreiben wir unten in einem Extrakapitel über unseriöse Finanzangebote.

## Onlinekurse, Bücher, sonstige Produktverkäufe

Jeder automatisierte Verkauf führt zu passivem Einkommen. Doch wie in der Einleitung schon erwähnt, bei all diesen Dingen gehst du erst einmal in die zeitliche und/oder finanzielle Vorleistung. Wenn es irgendwann läuft, macht es mächtig viel Spaß, wenn regelmäßig Geld auf dein Konto fließt, ohne dass du etwas dafür tun musst. Vorsorglich sei noch einmal erwähnt: Auch diese Einnahmen müssen versteuert werden. Wenn du dich bezüglich der Versteuerung nicht auskennst – suche dir eine Steuerberaterin, die dir

**Jeder automatisierte Verkauf führt zu passivem Einkommen**

helfen kann. Lass dich auf keinen Fall von bürokratischen Themen abhalten, mit einem eigenen Projekt zu starten. Es gibt immer jemanden, den du um Rat fragen kannst.

## Sonstige Einnahmequellen

### YouTube

Bestimmt hast du schon mal Werbung vor oder während eines YouTube-Videos gesehen. Durch diese Werbung verdienen Influencerinnen und Influencer Geld. Vielleicht hast du bereits mit dem Gedanken gespielt, eigene Videos zu erstellen und hochzuladen. Um über YouTube Einnahmen generieren zu können, musst du aber ein paar Voraussetzungen erfüllen. Das sind zum einen 1000 Abonnentinnen oder Abonnenten sowie 4000 Stunden Watchtime innerhalb der letzten 365 Tage. Ist dies erreicht, kannst du dich beim YouTube-Partnerprogramm anmelden.

Wie viel Geld du mit YouTube verdienst, hängt in erster Linie von deinem Thema, deinen Zuschauenden sowie den Aufrufzahlen ab. Unter dem sogenannten CPM (Cost per Mille) versteht man, wie viel Geld der Werbepartner pro 1000 Klicks bezahlt. Das Geld, das du bekommst, ist der RPM (Revenue per Mille).

*Beispiel: Wenn dein CPM bei 10 Euro liegt und dein RPM bei 6 Euro, dann zahlt das Unternehmen 10 Euro pro tausend Aufrufen an YouTube. Du erhältst 6 Euro davon.*

Ein CPM von 10 Euro ist jedoch relativ hoch. Das erreichen zum Beispiel Finanzkanäle. Bei klassischen Unterhaltungs-YouTubern liegt der CPM eher so bei 1 bis 4 Euro. Doch hier kommt es auch auf die Jahreszeit an. In den Monaten vor Weihnachten

**Vor Weihnachten ist der CPM besonders hoch**

(November und Dezember) ist der CPM im Schnitt höher als beispielsweise im Sommer. Das liegt daran, dass gegen Ende des Jahres viele Unternehmen ihr Werbebudget aufbrauchen und in der Vorweihnachtszeit viel Konkurrenz um die Werbeflächen besteht. Das treibt die Preise nach oben und die Creators profitieren davon.

## E-Books

Hast du ein besonderes Wissen oder bestimmte Erfahrungswerte, von denen andere profitieren können? Hast du zum Beispiel bereits erfolgreich einen Social-Media-Kanal aufgebaut oder hast du Tipps fürs Kochen, Backen, Handwerkliches, Technisches, Frisuren, Kosmetik oder sonstige Themen? Lebst du vielleicht ein Leben, das für andere spannend ist, weil es so ganz anders ist als das »normale« Leben? Wenn ja, dann ist ein E-Book für dich vielleicht genau das Richtige, um ein paar Euro dazuzuverdienen. E-Books kannst du relativ schnell über verschiedene Online-Anbieter herstellen oder du erstellst eine gut aussehende PDF zum Verteilen. Achtung: Bitte lass ein paar Menschen Korrektur lesen. Wenn du das Geld für ein professionelles Korrektorat hast, dann solltest du keinesfalls darauf verzichten. Selbst der tollste Inhalt geht unter, wenn die Lesenden genervt sind von grammatikalisch falschen Sätzen oder zu vielen Rechtschreibfehlern. Ein E-Book kann dir direkt und indirekt Geld bringen. Direkt durch den Verkauf des Buches, indirekt dadurch, dass du dich mit dem Buch bekannter machst und beispielsweise für Onlinekurse etc. angefragt wirst. Das Ganze hat allerdings auch einen Haken: Um Werbung und Marketing musst du dich selbst kümmern. Wenn niemand davon weiß, dass es dein Buch gibt, dann wirst du es auch nicht verkaufen. Somit musst du entweder selbst immer wieder auf Social Media Werbung machen oder aber in bezahlte Werbung investieren. Das kostet dich entweder Zeit oder Geld, manchmal sogar beides.

Und hier noch eine Liste mit ein paar kreativen Nebenverdienstideen:

- Professioneller Hundesitter
- Virtueller Assistent
- Technik-Coach für Seniorinnen und Senioren
- Hörbuchsprecher/-in
- Mystery-Shopping
- Umfragen machen
- Texter/-in
- Vermittler/-in (z. B. auf Social Media)
- Statist/-in
- T-Shirt-Designer/-in
- Airbnb-Vermietung
- Ghostwriter/-in
- Korrekturleser/-in
- Creator/-in
- Veranstaltungsplaner/-in
- Flugbegleiter/-in in Teilzeit
- Mitfahrgelegenheiten anbieten
- Selbstgemachtes auf Etsy verkaufen
- Reiseplaner/-in oder Wanderführer/-in
- Hochzeitsplaner/-in
- Secondhandkleidung günstig kaufen und teurer weiterverkaufen
- Webseitenersteller/-in
- Alte Möbel aufpeppen und weiterverkaufen

# Verhandeln

Verhandeln kannst du über vieles, zum Beispiel über Preise, aber auch über dein Gehalt oder dein Honorar, wenn du selbstständig tätig bist. Schauen wir uns zunächst das Thema Verhandeln beim Einkaufen an und werfen anschließend einen Blick auf das Verhandeln von Gehältern, Honoraren, Zusatzleistungen etc.

**Vieles lässt sich verhandeln**

Doch bevor wir damit anfangen, gibt es noch ein paar generelle Tipps zum Thema Verhandeln. Du wirst nämlich dann ganz besonders erfolgreich beim Verhandeln sein, wenn du die richtige innere Haltung hast und gut ausgewählte Argumente, Worte und Sätze verwendest.

Wenn du über irgendetwas verhandeln willst, dann setze dir ganz klare Ziele. Wo möchtest du hin? Welchen Preis bist du maximal bereit zu zahlen? Welches Gehalt, welches Honorar möchtest du mindestens bekommen? Nur, wenn du ganz klar weißt, was du wirklich willst, wirst du dieses auch bekommen.

Ein zweites wichtiges Thema ist deine innere Haltung. Gehe in die Haltung, dass du es wert bist, mehr Geld zu bekommen oder weniger Geld zu bezahlen. Um dies jedoch wirklich auszustrahlen, solltest du auch mit einem »Nein« leben können, wenn dein Verhandlungspartner nicht auf deinen Vorschlag eingeht. Dann brauchst du das Standing, »Nein« zu genau diesem Verhandlungspartner, zu dem Job oder zu dem Produkt, das du kaufen möchtest, zu sagen. Wenn du etwas unbedingt haben möchtest oder musst (zum Beispiel den Job, weil du finanzielle Probleme hast), dann hast du die weitaus schwierigere Verhandlungsposition. Du wirst diese sogenannte Bedürftigkeit ausstrahlen. Dein Gegenüber wird das merken.

Als Drittes achte auf deinen Atem. Trainiere, tief in den Bauch einzuatmen. Warum? Wenn du in den Bauch einatmest, dann richtest du dich automatisch mehr auf und wirkst souveräner. Weiterhin hat deine Stimme dadurch mehr Volumen und klingt überzeugender. Wenn du aufgeregt bist und nicht auf deine Atmung achtest, dann wird sie oft sehr flach und deine Stimme klingt quakig. Die Atmung geht dann nur bis in den Brustraum hinein.

## Probiere mal Folgendes aus:

1. Lass die Schultern und deinen Kopf nach vorne hängen und versuche in dieser Haltung an etwas Schönes zu denken. Du wirst feststellen, dass das ganz schön schwierig ist. Weiterhin achte mal darauf, bis wohin dein Atem in dieser Haltung fließt. Du wirst sicherlich merken, dass er deinen Bauch nicht erreichen kann, wenn du in dieser Haltung bleibst.
2. Nun atme bewusst in den Bauch ein und folge dem, was dein Körper macht. Du wirst feststellen, dass du dich automatisch aufrichtest. Und in dieser Aufrichtung darfst du jetzt noch etwas lächeln. Denke nun an etwas Schönes. Du wirst feststellen, wie viel leichter das geht. Du kannst auch versuchen, in dieser aufrechten, lächelnden Haltung an etwas Schlimmes zu denken. Du wirst feststellen, dass das schwierig wird.

Wenn du also zukünftig in herausfordernde Gespräche oder Verhandlungen gehst, dann befolge diese drei Schritte. Zusammenfassend sind es:

1. Definiere ein klares Verhandlungsziel.
2. Nimm die Haltung ein, dass du es wert bist. Du musst im Zweifel auch ein »Nein« akzeptieren können, um genau diese Souveränität auszustrahlen, dass du es wert bist.
3. Achte auf festen, aufrechten Stand und die Bauchatmung. Ein leichtes Lächeln auf den Lippen bringt dich in eine souveräne, positive Haltung.

Und nun kannst du in deine Verhandlung gehen.

## Einkaufsverhandlungen

Hast du schon mal versucht, beim Einkaufen über Preise zu verhandeln? Zugegeben, in bestimmten Bereichen, zum Beispiel im Lebensmittelhandel, ist das eher schwierig. Bei Konsumgütern funktioniert es allerdings teilweise recht gut, vor allem, wenn du bei einem Anbieter mehrere Sachen kaufen möchtest, oder bei hochpreisigen Dingen. Wenn du beispielsweise mehrere Sachen bei einem Anbieter kaufen möchtest, kann du nachfragen, was denn am Preis zu machen sei, wenn du gleich zwei, drei oder noch mehr Dinge kaufst. Besonders gut funktioniert das bei inhabergeführten, kleineren Läden oder auf dem Markt.

Probiere es einfach mal aus. Vielleicht hilft dir dabei folgendes Zitat von der Autorin und Rednerin Anouk Ellen Susan: »Ein Nein hast du schon, ein Ja kannst du bekommen.«[29]

Du kannst natürlich nur etwas ausgeben, wenn du auch Einnahmen oder Rücklagen hast. Deswegen schauen wir uns nun Gehaltsverhandlungen, Honorare und Zusatzleistungen an.

## Gehaltsverhandlungen

Laut einer Studie verhandeln nur 7 Prozent der Frauen, aber 57 Prozent der Männer das Gehalt für ihren ersten Job. Krasser Unterschied, oder?! Wenn du noch nie dein Gehalt verhandelt hast, dann wird es höchste Zeit. Der Vorteil daran ist, dass du von der Verhandlung langfristig profitieren kannst. So ähnlich wie beim Senken deiner Fixkosten, wodurch du automatisch regelmäßig mehr sparen kannst, verdienst du durch eine Gehaltserhöhung von nun an jeden Monat mehr. Aber Achtung, jetzt nur nicht in die Lustfalle tappen und die gesamten zusätzlichen Einnahmen verprassen! Da du bisher prima mit deinem Gehalt ausgekommen bist, werden jetzt mindestens 50 Prozent von der Gehaltserhöhung zur Seite gelegt. Auch gerne mehr. So kannst du dir ein bisschen mehr Luxus leisten, wenn du möchtest, und gleichzeitig deine Sparrate erhöhen.[30]

Doch wie gehst du am besten bei einer Gehaltsverhandlung vor?

Hier ein paar Tipps von uns:

1. Hab eine klare innere Haltung. Die bekommst du dadurch, dass du dir ein deutliches Ziel formulierst und dir vor deinem inneren Auge vorstellst, wie du genau diese Gehaltserhöhung bekommen wirst.
2. Atme tief in den Bauch ein und aus. Das bringt dich in die Aufrichtung und verleiht dir dadurch Präsenz und Entschlossenheit.
3. Begründe deinen Wunsch nach Gehaltserhöhung mit Leistung, auf keinen Fall mit privaten Themen. Dass du entsprechende private Ausgaben hast, interessiert deinen Arbeitgeber nicht. Niemand wird dir mehr Geld geben, weil deine Miete oder deine Lebenshaltungskosten gestiegen sind.
4. Vergleich dich nicht mit anderen. Es ist ausgesprochen unelegant, in einer Gehaltsverhandlung das Gehalt einer anderen Person oder deren Leistung mit heranzuziehen. Bleib ausschließlich bei dir. Dass eine andere Person ein höheres Gehalt für eventuell ähnliche Leistungen bekommt, gehört nicht in die Verhandlung.
5. Nenne keine Gehaltsrange, sondern ein klares Gehaltsziel. Wenn du eine Range nennst, dann wird sich dein Arbeitgeber immer für den unteren Wert entscheiden.
6. Halte Pausen im Gespräch aus. Manchmal gibt es Schweigemomente in Gesprächen. Halte diese Momente, in denen dein Gegenüber nichts sagt, aus. Manchmal fühlen sich selbst 30 Sekunden unglaublich lang an. Doch du schwächst deine Verhandlungsposition, wenn du in solchen Momenten einfach weiter quatschst. Deswegen solltest du diese Momente aushalten und darauf warten, dass dein Gegenüber etwas sagt.
7. Schaue dir auf YouTube Videos zu dem Thema an. Es gibt jede Menge davon und du kannst sehr viel daraus für dich lernen.

Doch beim Gehalt ist noch lange nicht Schluss. Beachte, dass du nicht nur dein Einkommen, sondern auch zusätzliche Leistungen wie Firmenwagen, Weiterbildung oder Erfolgsprämien verhandeln kannst.

## Zusatzleistungen verhandeln

### Firmenwagen oder Fahrtkostenzuschuss

Die steigenden Spritpreise bleiben nicht unbemerkt. Gerade für Pendlerinnen und Pendler kann es deshalb interessant sein, einen Zuschuss zu den Fahrtkosten zu verhandeln. Gegebenenfalls stellt dir dein Chef / deine Chefin sogar einen Firmenwagen zur Verfügung. Hierbei solltest du beachten, dass dieser als geldwerter Vorteil zu versteuern ist.

### Gutscheine

Neben dem Fahrtkostenzuschuss können auch Tankgutscheine verhandelt werden. Manche Arbeitgeber bieten auch Essensgutscheine für die eigene Mensa oder Gutscheine, die in anderen Restaurants und Supermärkten eingelöst werden können. Bis zu 50 Euro (Stand 2022) sind dabei als Gutschein steuerfrei.[31]

### Übernahme von Weiterbildungskosten

Von stetiger Fortbildung profitierst nicht nur du, sondern auch dein Unternehmen. Überlege dir am besten bereits, welche Weiterbildungen für dich sinnvoll wären und inwiefern sie deinem Unternehmen einen Vorteil bringen.

### Remote Work & Homeoffice

Du möchtest lieber von zu Hause arbeiten, um dich beispielsweise besser konzentrieren zu können? Außerdem könntest du dadurch auch viel Benzin sparen? Auch auf Homeoffice kannst du deinen Arbeitgeber ansprechen. Denk dabei nicht nur an deine Vorteile, sondern auch die des Unternehmens. Wenn sich die Führungskraft nicht so begeistert zeigt, könntest du vorschlagen, erst einmal einen Tag pro Woche von zu Hause zu arbeiten. Wenn das gut klappt, könnt ihr noch einen Schritt weiter gehen.

### Flexiblere Arbeitszeiten oder mehr Urlaubstage

Auch Urlaubstage oder Arbeitszeiten können je nach Job verhandelt werden. So gibt es zum Beispiel das Modell der Kernarbeitszeit mit Gleitzeit. Das heißt, dass gewisse Arbeitszeiten fix sind und manche flexibel. Außerhalb der Fixzeit kannst du also den Beginn oder das Ende deiner Arbeitszeit frei wählen. Wenn du lieber früher frei hast, kannst du früher anfangen, und umgekehrt.

### Betriebliche Altersvorsorge

Nicht zu unterschätzen ist die betriebliche Altersvorsorge. Dabei zahlt der Arbeitgeber einen Teil des Gehalts zum Beispiel in eine Pensionskasse oder Versicherung ein. Dadurch erhältst du später nicht nur eine gesetzliche Rente, sondern auch eine betriebliche. Ein Vorteil dieser Art der Altersvorsorge sind die steuerlichen Vergünstigungen.

# Wissen zahlt sich aus

Es klingt vielleicht etwas abgedroschen, aber Wissen zahlt sich immer aus! Das gilt insbesondere bei Finanzthemen. Zugegeben, einige Infos sind »nice to know«, aber andere Themen sind immens wichtig, wenn du dir eine finanzielle Unabhängigkeit aufbauen möchtest. Deswegen schauen wir uns hier ein paar Bereiche an.

## Wie geht Geld?

**Wer steuert die Geldmenge?**

Hast du dir schon mal Gedanken darüber gemacht, wo das Geld überhaupt herkommt? Wer steuert die sogenannte Geldmenge und was hat das alles mit dir als Sparerin bzw. Anleger zu tun? Wir wollen dich hier nicht mit reiner Theorie nerven. Deswegen konzentrieren wir uns in den nächsten Abschnitten auf die Dinge, die für dich relevant sein könnten.

Nur so viel: Die Geldmenge wächst stetig an. Mit jedem Kredit, den ein Kunde bei einer Bank aufnimmt, wird neues Geld geschöpft (es handelt sich um Giralgeldschöpfung – das heißt wirklich so). Die Banken haben somit durch das Kreditgeschäft die Lizenz zur Geldmengenerhöhung. Sie müssen lediglich eine kleine Menge an Liquidität bei der Zentralbank halten (ca. 1 bis 3 Prozent, abhängig von verschiedenen Faktoren). Das bedeutet Folgendes: Wenn ein Kunde einen Kredit von 10.000 Euro aufnimmt, dann muss die Bank beispielsweise lediglich 100 Euro Liquiditätsreserve halten und 9900 Euro neues Geld wird geschaffen. Je niedriger der Marktzins, desto höher ist der Anreiz dafür, Kredite aufzunehmen, und desto schneller wächst die Geldmenge. Je mehr Geld auf dem Markt ist, desto mehr steigen in der Folge die Preise. Das ist ein Teil der Inflation, doch hierzu später mehr.

Die Zinspolitik kann niemand von uns beeinflussen. Doch du kannst lernen, die Chancen des Marktes zu nutzen – unabhängig vom aktuellen Zinsniveau und der vorhandenen Geldmenge.

Schauen wir uns zunächst ein hochrelevantes Thema an, nämlich Sicherheit versus Chancen.

# Über Sicherheit und Chancen

Was ist dir bei deiner Geldanlage eigentlich wichtig? Wahrscheinlich, dass du dein Geld vermehrst und eine gute Rendite erzielst. Außerdem soll es natürlich möglichst sicher investiert sein und du möchtest auch jederzeit Zugriff darauf haben, oder? Also klassischerweise die sogenannte »eierlegende Wollmilchsau«:

- hohe Rendite,
- sicher,
- jederzeit verfügbar.

Doch wir haben leider schlechte Nachrichten für dich: Du kannst nicht alles haben. Es handelt sich hierbei um das Konzept des magischen Dreiecks. Rendite, Sicherheit und Liquidität stehen in Konkurrenz zueinander.

**Du kannst nicht alles haben**

### Geringe Rentabilität, hohe Sicherheit, hohe Liquidität
Tagesgeldkonten und Sparkonten weisen eine hohe Liquidität auf, da das Geld jederzeit zugänglich ist. Außerdem ist das Kapital meist durch eine Einlagensicherung geschützt, sodass die Sicherheit hoch ist. Dadurch, dass Banken sicherstellen müssen, dass das Geld jederzeit abgehoben werden kann, und das Geld nicht anderweitig einsetzen können, ist die Rendite bei diesen Sparformen nur gering.

### Geringe Liquidität, hohe Sicherheit, hohe Rentabilität
Bei Anleihen mit langer Laufzeit oder auf einem Festgeldkonto ist dein Kapital langfristig gebunden, wodurch die Liquidität gering ist. Dafür können langfristige Anleihen gegebenenfalls eine höhere Rendite erzielen. Einlagensicherungen sorgen dafür, dass dein Geld auch sicher angelegt ist.

### Geringe Sicherheit, hohe Rentabilität, hohe Liquidität
Aktien oder ETFs gelten als liquide Anlageformen, da sie täglich gehandelt werden können. Außerdem konnte man in der Vergangenheit damit hohe Renditen erzielen. Allerdings sind diese Investitionen auch sehr riskant, da es zu Kursschwankungen oder Totalverlusten kommen kann.

Bei Geldanlagen, die alle drei Kriterien versprechen, solltest du skeptisch sein. Überlege dir stattdessen, was dir am wichtigsten ist.

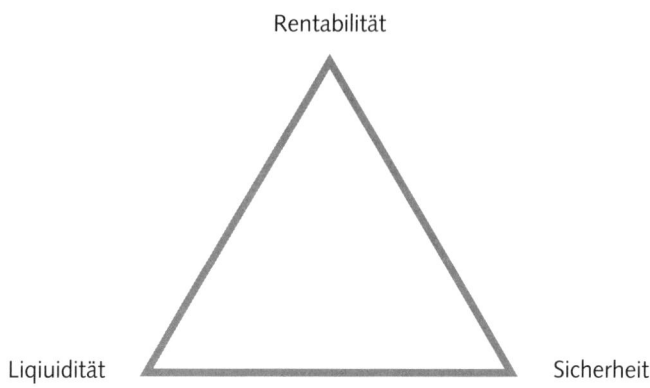

## Liquidität – wenig sexy, aber doch sinnvoll

Kennst du den Spruch »Liquidität ist King«? Daran ist so viel Wahres!

Als Liquidität wird Geld bezeichnet, das jederzeit verfügbar ist, also zum Beispiel Geld, das auf einem Girokonto oder Tagesgeldkonto liegt. Auch Gelder auf Sparbüchern sind größtenteils frei verfügbar. In Deutschland gilt die gesetzliche Regelung, dass über 2000 Euro pro Kalendermonat frei verfügt werden kann, alles darüber hinaus gegen eine Entschädigungszahlung, die Vorschusszinsen genannt wird. Diese Vorschusszinsen sind aktuell jedoch verschwindend gering, da sie auf den Guthabenzinssatz berechnet werden, der ebenfalls extrem gering ist (Stand 2022).

**Sinnvoll: drei Monatsgehälter auf der Kante**

Warum solltest du ausreichend Liquidität auf dem Konto haben? Unverhofft kommt oft. Manch eine Rechnung kann einen eiskalt erwischen. Wie schön ist es, wenn du Geld verfügbar hast, mit dem du unangenehme Rechnungen oder unvorhergesehene Ausgaben sofort begleichen kannst!

Wenn du erst einmal in der Schuldenfalle drin bist, wird dir jede zusätzliche Ausgabe sprichwörtlich die Luft abschnüren. Eine Schuldenfalle beginnt schon mit dem Nutzen des Dispositionskredits (kurz Dispo). Ein von der Bank eingeräumter Dispo verführt dazu, mehr Geld auszugeben, als du hast.

Verfügst du schon über regelmäßiges Einkommen? Eine grundsätzliche Empfehlung (die du von jedem Finanzberater bekommen solltest) ist, dass du drei Monatsgehälter Liquidität hast.

Warum drei Monatsgehälter? Dann bist du für vieles gewappnet, selbst wenn du mal deinen Job kündigen möchtest. Wusstest du, dass du vom Arbeitsamt eine dreimonatige Sperre des Arbeitslosengeldes bekommst, wenn du von dir aus deinen Job kündigst? Doch selbst, wenn du von deinem Arbeitgeber eine Kündigung erhältst, ist ein Liquiditätspuffer sinnvoll, denn die Bearbeitungs- und Genehmigungszeiten in der Arbeitsagentur sind teilweise unerträglich lang.

## Vermögenswerte versus Verbindlichkeiten

Robert Kiyosaki sagt: »Reiche Menschen erwerben Vermögenswerte. Die Angehörigen der Mittelschicht erwerben Verbindlichkeiten, die sie für Vermögenswerte halten.«[32]

Ein Vermögenswert füllt deine Geldtasche und es handelt sich um einen positiven Cashflow. Dir fließt also Geld zu. Im Gegensatz dazu ziehen dir Verbindlichkeiten Geld aus der Tasche und dein Vermögen wird dadurch geringer – es entsteht ein negativer Cashflow.

Schluss mit der Theorie, schauen wir uns das in der Praxis an. Was zählt zu Vermögenswerten und was zu Verbindlichkeiten? Aktien, ETFs, Girokonten, Buchveröffentlichungen, vermietete Immobilien oder auch ein eigenes Unternehmen sind Beispiele für Vermögenswerte. Durch den Besitz dieser Dinge fließt dir Geld zu und deine Geldtasche wird gefüllt.

**Bei einem Vermögenswert fließt Geld**

**Beispiel:** *Julia verdient 2000 Euro pro Monat und gibt 1300 Euro für Miete, Lebensmittel, Versicherungen und Freizeit aus. Die restlichen 700 Euro teilt sie auf. 200 Euro behält sie auf dem Girokonto und die anderen 500 Euro investiert Julia in ausschüttende ETFs und generiert dadurch ein zusätzliches passives Einkommen. Über ETFs werden wir später noch genauer sprechen.*

Autos, Urlaube, Schulden oder auch selbst genutzte Immobilien gelten als Verbindlichkeiten, da sie dir Geld aus der Tasche ziehen. Gerade das Eigenheim wird oft fälschlicherweise als Vermögenswert bezeichnet mit der Begründung, dass man sich dadurch die Miete spare. Es ist zwar möglich, dass man dadurch weniger Geld ausgibt, aber trotzdem fließt einem durch das Wohnen im Eigenheim kein zusätzliches Geld zu. Und genau das ist ja das Kriterium für einen Vermögenswert. Wenn sich das Haus viele Jahre später mit Gewinn verkaufen lässt, dann kann man es hinterher als Vermögenswert bezeichnen. Solange das aber nicht sicher ist und man im Haus wohnt, Schulden abbezahlt und Renovierungen oder Betriebskosten bezahlt, bleibt das Eigenheim eine Verbindlichkeit.

**Beispiel:** *Hannes verdient ebenfalls 2000 Euro und gibt 1300 Euro pro Monat für Miete, Lebensmittel, Versicherungen und Freizeitaktivitäten aus. Obwohl er mitten in der Stadt wohnt, keine Familie hat und nur fünf Minuten zu Fuß bis zu seinem Arbeitsplatz braucht, kauft er sich ein Auto. Von ETFs hat er in seinem Leben noch nie gehört. Für Benzin, Parkplatz, Versicherungen, Reparaturen usw. zahlt Hannes etwa 400 Euro monatlich. Außerdem stottert er noch Konsum- und Studienkredite ab. Da Auto, Rauchen und die Schulden Hannes Geld aus der Tasche ziehen und sein Vermögen verringern, handelt es sich hierbei um Verbindlichkeiten.*

Jetzt weißt du schon einiges mehr als die Durchschnittsbevölkerung und lässt dir beim nächsten Autokauf nicht mehr einreden, dass es sich beim Neuwagen um einen Vermögenswert handelt.

| Verbindlichkeiten | Vermögenswerte |
| --- | --- |
| Konsum | Bargeld |
| Auto und Kfz-Kredit | Aktien |
| Kreditkartenrechnungen | Vermietete Immobilie |

# Aktien, wie geht das?

Wenn du eine Aktie kaufst, erwirbst du einen klitze-
kleinen Anteil an einem Unternehmen und hast Teil
an dessen Erfolg oder Misserfolg. Das heißt, wenn
es dem Unternehmen gut geht, wirst du am Gewinn
beteiligt, in Form von Dividenden. Unter diesem
Begriff versteht man nichts anderes als Gewinnausschüttungen eines Unternehmens an seine Aktionä-
re (Personen, die Aktien von dem jeweiligen Unternehmen besitzen). Wenn
ein Unternehmen also gut läuft, hat das Unternehmen die Möglichkeit, seine
Aktionäre am Gewinn teilhaben zu lassen.

**Mit einer Aktie erwirbst du einen Unternehmensanteil**

Es gibt aber auch Unternehmen, die keine Dividenden ausschütten,
sondern ihre Gewinne direkt reinvestieren. Man kann nicht nur durch
Dividenden von den positiven Entwicklungen einer Aktiengesellschaft
profitieren. Eine weitere Möglichkeit wäre, dass man seine Aktien, also Un-
ternehmensanteile, zu höheren Preisen verkauft, als man sie eingekauft hat.

Allerdings kann es auch passieren, dass Unternehmen Verluste machen
oder sogar pleitegehen und somit deine Aktien wertlos werden. Dieses Szenario solltest du immer bedenken und deshalb nie dein gesamtes Vermögen
in eine oder sehr wenige Aktien stecken. Stattdessen lautet das Motto:
»Diversifizieren und Risiko streuen!« Grundsätzlich muss man aber immer
ein gewisses Risiko eingehen, wenn man eine Rendite erzielen will. Eine
Rendite kommt nicht ohne Risiko.

Anders als bei einem klassischen Konto wie etwa dem Girokonto oder
Tagesgeldkonto gibt es an der Börse Schwankungen. Das heißt, je nach
Marktlage können Aktien im Wert steigen oder fallen. Mal gehen die Kurse
nach oben und mal nach unten. Das ist erst mal ge-
wöhnungsbedürftig. Aus diesem Grund empfiehlt es
sich, mit geringen Beträgen anzufangen und nicht
sofort riesige Summen an der Börse zu investieren.
Wenn man sich an diese Volatilität gewöhnt hat,
kann man mehr Kapital investieren.

**Aktien besitzen hohe Liquidität**

Bei Aktien handelt es sich außerdem um einen Vermögenswert mit
hoher Liquidität. Das heißt, man kann Aktien schnell kaufen, aber auch
verkaufen. Allerdings sollte man aufgrund der Kursschwankungen kein
Geld investieren, auf das man in naher Zukunft angewiesen ist. Es wäre

nämlich blöd, wenn man zum Beispiel Geld für die Hochzeit in fünf Jahren spart und an der Börse investiert und dann ein Crash eintritt und man mit Verlust verkaufen muss. Solange man Aktien nämlich behält, handelt es sich nur um Buchverluste. Erst wenn man sie verkauft, realisiert man die Verluste.

Aufgrund der Kursschwankungen sollte der Anlagezeitraum also mindestens 10, besser noch 15 bis 20 Jahre betragen. Aktien eignen sich also besonders für den langfristigen Vermögensaufbau. Um in Aktien investieren zu können, benötigst du ein Depot bei einer Bank oder einem Broker. Onlinebanken und Onlinebroker sind von den Gebühren her häufig sehr viel günstiger als deine Bank vor Ort. Es gibt eine große Auswahl an Onlinebrokern und die Depoteröffnung kann ganz bequem von zu Hause aus erfolgen. Über den Broker und dein Depot lassen sich dann Wertpapiere kaufen.

Noch etwas: Wenn du in Aktien investieren möchtest, dann solltest du dich auch damit beschäftigen. Bei jeder Bank kannst du die Broschüre »Basisinformationen über die Geldanlage in Wertpapieren« erhalten. Jede Beraterin und jeder Banker ist verpflichtet, diese Broschüre auszuhändigen. Der Name kann von Bank zu Bank leicht variieren. Es gibt aber auch viele Video-Tutorials auf YouTube. Aktien bieten tolle Möglichkeiten, sein Geld für sich arbeiten zu lassen – auch schon mit kleineren Beträgen. Die Kehrseite ist das Risiko der Verluste bis hin zum Totalverlust.

Eine etwas entspanntere Alternative zur Direktinvestition in Aktien und für Anfänger gut geeignet ist die Anlage in Investmentfonds.

## Eine Alternative: Investmentfonds

Was haben ein bunter Blumenstrauß und ein Investmentfonds gemeinsam? Vermutlich denkst du dir »gar nichts«. Doch das stimmt nicht ganz. Ein farbenfroher Blumenstrauß enthält ganz viele verschiedene Arten von Blumen, zum Beispiel Rosen, Tulpen, Margeriten und Nelken. Die Vielfalt macht's aus. Und ähnlich ist es bei Investmentfonds. Ein Investmentfonds ist quasi ein bunter Blumenstrauß von Kapitalanlagen. Es gibt jede Menge unterschiedlicher Investmentfonds. Die wichtigsten Fondsbegriffe und Grundlagen möchten wir dir hier nahebringen:

### Aktienfonds

Im Aktienfonds sind, wie der Name schon sagt, Aktien enthalten, und zwar von ganz unterschiedlichen Unternehmen. Es gibt sehr unterschiedliche Arten von Aktienfonds mit verschiedenen Schwerpunkten, zum Beispiel Fonds,

- die in bestimmte Länder oder Branchen investieren,
- die in bestimmte Kontinente oder weltweit investieren,
- die in kleine Unternehmen mit Wachstumspotenzial investieren (Ziel: hohe Kursgewinne),
- die in große Unternehmen investieren, um möglichst hohe Dividenden (= Gewinnausschüttungen) zu erhalten,
- die sich an einem bestimmten Index orientieren
- und viele mehr.

### Rentenfonds

Bei Rentenfonds handelt es sich um Investmentfonds, die in festverzinsliche Wertpapiere investieren. Was genau ein Rentenpapier ist, erfährst du weiter hinten im Buch.

### Gemischte Fonds

In dieser Fondsform kann das Fondsmanagement frei entscheiden, wie viele Aktien und wie viele festverzinsliche Papiere enthalten sein sollen. Das Management kann somit sehr flexibel auf Marktveränderungen reagieren. Manchmal gibt es eine Vorgabe, wie viel Prozent mindestens in Aktien oder Rentenpapiere investiert sein müssen.

### Immobilienfonds

Mit deinem Fondsanteil investierst du automatisch in sehr unterschiedliche Immobilien. Meist handelt es sich bei den Immobilien im Fonds um Gewerbeimmobilien. Bei dieser Fondsart kannst du schon mit sehr wenig Geld oder monatlich in Immobilien investieren.

Neben Aktien-, Renten- und Immobilienfonds gibt es noch viele weitere Fondsarten, so zum Beispiel Fonds, die in Rohstoffe, Edelmetalle, Hanfpflanzen, Kryptowährungen oder sonstige Spezialgebiete investieren.

Doch nicht nur von der Fondsart her kann man Investmentfonds unterscheiden. Fonds werden auch darin unterschieden, wie sie gemanagt werden (aktiv oder passiv), welche Ausschüttungsart sie haben und ob es offene oder geschlossene Fonds sind. Schauen wir uns die drei Themen einmal an:

### Aktives und passives Fondsmanagement

Bei einem passiven Fondsmanagement werden bestimmte Indizes zugrunde gelegt, zum Beispiel der DAX (= Deutscher Aktienindex) oder der Dow Jones. Dieser Index wird dann eins zu eins nachgestellt – sowohl von den Werten als auch von der Gewichtung. Anders beim aktiven Management: Hier trifft das Fondsmanagement individuelle Entscheidungen. Wenn es beispielsweise ein Fondsmanagement auf den DAX ist, dann sollten zwar alle DAX-Werte enthalten sein, doch wie viele Aktien von dem einen oder dem anderen Unternehmen enthalten sind, das entscheidet das Fondsmanagement.

**Aktives Fondsmanagement: Es wird individuell entschieden**

### Ausschüttungsart

Es gibt ausschüttende und thesaurierende (= wieder anlegende) Investmentfonds. Bei den ausschüttenden Investmentfonds bekommst du einmal jährlich die Erträge aus Dividenden, Zinsen und Gewinnen auf dein Konto ausgezahlt. Du kannst dich dann über dieses zusätzliche Taschengeld freuen und über das Geld frei verfügen. Thesaurierende Investmentfonds legen die Dividenden, Zinsen und Gewinne aus dem Fonds sofort wieder an. Dies hat den großen Vorteil, dass du dann einen langfristigen Zinseszinseffekt hast, denn deine Anlagesumme wächst kontinuierlich. Dadurch steigt der Kurs der Investmentfonds natürlich Jahr für Jahr deutlich stärker an als bei einem Fonds, bei dem es eine jährliche Ausschüttung gibt. Als Beispiel kannst du dir den Fonds Akkumula von der DWS anschauen. Diesen Fonds gibt es bereits seit 1961 und er gehört mit zu den ersten Aktienfonds, die es überhaupt am deutschen Markt gab. Seine Kursentwicklung ist enorm. Während du Anfang Januar 1996 einen Fondsanteil für 195 Euro kaufen konntest, musstest du Anfang 2022 schon 1750 Euro hierfür bezahlen (Zahlen sind gerundet). Im Juli 2022 kostete ein Anteil aufgrund der schwierigen Börsensituation zu dieser Zeit »nur noch« 1642 Euro. Wenn du in diesen

Fonds investieren möchtest, musst du nicht gleich knapp 1700 Euro ausgeben. Du kannst ihn auch in Form eines Sparplans mit kleinen monatlichen Beträgen erwerben.

### Offene und geschlossene Fonds

Bei einem offenen Investmentfonds können unbegrenzt Anteile gekauft und wieder verkauft werden. Das gesamte Fondsvolumen ist nach oben hin nicht begrenzt. Bei manchen Fonds gibt es jedoch eine Mindesthaltefrist. So gilt zum Beispiel bei offenen Immobilienfonds eine Mindesthaltedauer von 24 Monaten mit einer Kündigungsfrist von 12 Monaten.

Anders ist es bei geschlossenen Fonds. Bei einem geschlossenen Fonds werden i. d. R. bestimmte Projekte finanziert, zum Beispiel Bürogebäude, Gewerbezentren, Containerschiffe, sonstige Schiffe, Filmprojekte, Computerspiele und vieles mehr. Es gibt ein festes Anlagevolumen, das auf die Anleger

**Geschlossene Fonds finanzieren Projekte**

verteilt wird. Wenn alle Investmentanteile an Anleger verkauft worden sind, können neue Investoren nicht mehr hinein. Der Fonds ist dann geschlossen. Ein Anleger, der in so einem Fonds investiert ist, kann auch nicht einfach aus seinem Fonds wieder aussteigen. Er muss jemanden finden, der seinen Anteil übernimmt. Das funktioniert bei sehr rentablen, gut laufenden Kapitalanlagen natürlich recht gut. Schwierig wird es, wenn sich so ein Fonds nicht wie gewünscht entwickelt oder sogar Verluste macht. Manchmal müssen Anleger dann sogar weiteres Geld »nachschießen«, das bedeutet, einzahlen. In der Fondssprache spricht man von Nachschusspflicht. Bei geschlossenen Fonds handelt es sich um unternehmerische Beteiligungen mit allen Chancen und Risiken.

Zurück zu den offenen Investmentfonds, also den Investmentfonds, bei denen du jederzeit Anteile hinzukaufen oder verkaufen kannst. Viele Investmentfonds bieten auch die Möglichkeit der monatlichen Investition mit kleinen Beiträgen. Diese Fonds haben häufig einen sogenannten Ausgabeaufschlag, der je nach Anlageklasse zwischen 1 Prozent und 5 Prozent liegen kann. Bei Onlinebanken und Brokern hast du oft die Möglichkeit, einen reduzierten Ausgabeaufschlag zu bekommen. Der Ausgabeaufschlag kann mit Ankaufgebühren übersetzt werden. Wenn du beispielsweise 1000 Euro anlegen möchtest und einen Ausgabeaufschlag von 5 Prozent hast, dann würdest du am Tag nach dem Kauf 950 Euro auf deinem Depotkonto sehen, denn 5 Prozent, also in diesem Fall 50 Euro, wurden als Kosten direkt abgezogen. Wenn du deine Investmentanteile wieder verkaufen möchtest, dann fallen keine weiteren Gebühren an.

Ankauf- und Verkaufskurs werden einmal täglich neu berechnet (außer an Samstagen, Sonn- und Feiertagen). Es ist also vom Kurs her völlig egal, zu welcher Tageszeit du die Investmentanteile kaufst oder verkaufst. Der Preis ist an diesem Tag gleich.

Es gibt auch Investmentfonds, die an der Börse gehandelt werden und bei denen kein Ausgabeaufschlag anfällt, zum Beispiel die sogenannten ETFs.

## ETFs

ETFs sind Investmentfonds, die, wie zuvor schon geschrieben – im Gegensatz zu klassischen Investmentfonds –, direkt an der Börse gehandelt werden. Somit unterliegen sie – genau wie Aktien – direkt den Wertschwankungen an der Börse.

Doch wofür steht ETF überhaupt? Es ist die Abkürzung für »Exchange-Traded Fund« – zu Deutsch: börsengehandelter Indexfonds. ETFs sind in der Regel passiv verwaltet, das heißt, sie bilden die Entwicklung eines Index ab, wie zum Beispiel den DAX. Der DAX misst die Wertentwicklung der 40 größten und liquidesten Unternehmen des Aktienmarktes in Deutschland. Wenn man in einen DAX-ETF investiert, so investiert man automatisch in alle Unternehmen, die im DAX enthalten sind.

Du hast also mit einem Schlag und durch einen einzigen Kauf mehrere Unternehmen in der Tasche. Das Prinzip, in mehrere, verschiedene Unternehmen zu investieren, nennt man auch Diversifizieren. Das bedeutet, dass man nicht alle Eier in einen Korb legt, sondern die Eier auf mehrere Körbe verteilt. Dadurch ergibt sich folgender Vorteil: Wenn ein Unternehmen pleitegeht, ist nicht das gesamte investierte Geld weg. Somit lässt sich das Risiko eines Totalverlustes reduzieren. Außerdem muss man sich nicht darum kümmern, ob bestimmte Unternehmen in 40 bis 50 Jahren überhaupt noch so eine entscheidende Rolle spielen wie heute. Sehr bedeutsame Unternehmen werden in den Index aufgenommen. Wenn sie aber schlecht wirtschaften, werden sie gegebenenfalls durch andere abgelöst und wieder aus dem Index geworfen.

## Aktien vs. ETFs

Wenn eine **Aktie eine einzelne Blume** ist …

… dann ist ein **ETF ein Blumenstrauß** mit ganz vielen verschiedenen Blumen.

Ein ETF versucht nicht, den Markt zu schlagen, sondern begnügt sich mit der durchschnittlichen Marktrendite. Diese entspricht also der Wertentwicklung des zugrundeliegenden Index. In der Vergangenheit lag die durchschnittliche Rendite über viele Jahrzehnte hinweg bei ungefähr 7 bis 8 Prozent pro Jahr. Das ist viel, viel mehr als beim Sparbuch! Doch Achtung: Der Aktienmarkt ist sehr schwankend, im Fachjargon heißt es volatil. So gab es durchaus Jahre, in denen du mit Aktien 20 Prozent, 30 Prozent, 40 Prozent oder noch mehr verlieren konntest, und es gab Jahre, in denen du dein Geld mehr als verdoppeln konntest. Es hängt natürlich auch davon ab, in welche Art von Aktien du investierst.

**Ein ETF begnügt sich mit der Marktrendite**

Wie bereits erwähnt, werden ETFs an der Börse gehandelt und haben im Vergleich zu einem klassischen Investmentfonds nur sehr geringe Kosten. Der Grund ist in der passiven Verwaltung zu finden. Es muss kein Fondsmanager beschäftigt werden, der aktive Anlageentscheidungen trifft. Bei einem aktiv gemanagten Fonds ist die Aufgabe des Fondsmanagements, eine bessere Rendite zu erzielen als der Vergleichsindex, also zum Beispiel der DAX.

Fazit: Für Personen, die ihr Geld kostengünstig, breit gestreut und mit wenig Zeitaufwand gewinnbringend anlegen möchten, sind ETFs sehr gut geeignet. Und noch eine tolle Sache: Man kann schon ab 10 bis 25 Euro pro Monat in ETFs investieren! Und das besonders Tolle am Sparplan ist, dass du den Cost-Average-Effekt nutzen kannst (siehe Folgekapitel).

Je größer die Auswahl, desto schwieriger fallen uns Entscheidungen. Es gibt unzählige ETFs und vielleicht fällt es dir schwer, den richtigen für dich zu finden. Deshalb möchten wir dir ein paar Kriterien zeigen, die du bei deiner Wahl beachten solltest.

### Index

In welchen Index möchtest du überhaupt investieren? Soll es der MSCI World sein oder vielleicht doch lieber der MSCI World SRI? Möglicherweise bevorzugst du auch einen Branchen-ETF oder möchtest die gesamte Weltwirtschaft mit einem ETF abdecken, zum Beispiel dem FTSE All World ETF.

### Art der Ausschüttung

Es gibt thesaurierende ETFs und ausschüttende ETFs. Letztere schütten ihre Gewinne aus und du erhältst diese als Dividenden auf dein Konto. Das kann ein psychologischer Vorteil sein. Bei thesaurierenden ETFs werden die Erträge nicht ausgeschüttet, sondern automatisch reinvestiert. Dadurch wird der Zinseszinseffekt angekurbelt.

### Fondsvolumen

Du solltest darauf achten, dass dein ETF möglichst ein Fondsvolumen von mehr als 100 Millionen Euro besitzt. Ein geringes Fondsvolumen birgt nämlich das Risiko, dass der ETF vom Anbieter aufgelöst wird.

### Kosten

Ein entscheidendes Kriterium sind die Kosten. Was bringt es dir, wenn deine Geldanlage jedes Jahr 7 Prozent Rendite erzielt, wenn deine Kosten auch 7 Prozent pro Jahr betragen? Gar nichts. Deshalb sollten die Kosten möglichst gering gehalten werden, sonst fressen sie nämlich deine Rendite auf. Ja, die Lieblingsspeise von Kosten heißt Rendite. Kleiner Scherz am Rande.

Die Kennzahl, die die Kosten deines ETFs beschreibt, ist die Total Expense Ratio (TER). Je niedriger die TER, desto günstiger ist dein ETF. Allerdings sind in der TER nicht alle Aufwände enthalten, auch wenn der Name diesen Anschein erweckt. Zusätzlich sollte auf jeden Fall auch die Tracking-Differenz betrachtet werden.

### Tracking-Differenz

Mit der Tracking-Differenz wird der Unterschied zwischen der Rendite des ETFs und der Rendite des zugrundeliegenden Index beschrieben:

Tracking-Differenz = Indexrendite – Rendite des EDFs

Je näher die Tracking-Differenz an der 0 ist, desto genauer wird der Index durch den ETF abgebildet. Bei einer negativen Tracking-Differenz schneidet der ETF besser ab als der Index, auf dem er basiert. Bei einer positiven Tracking-Differenz ist es umgekehrt, der ETF performt schlechter als der Vergleichsindex.

### Replikationsmethode

Und noch so ein kompliziert klingender Begriff. Unter der Replikationsmethode versteht man die Art, wie ein Index nachgebildet wird. Werden Aktien gemäß der Gewichtung im Index gekauft, dann handelt es sich um einen physisch replizierenden ETF. Bei einem synthetischen ETF werden nicht die Werte des jeweiligen Index gehalten. Allerdings verpflichtet sich der Fondsanbieter dazu, die Wertentwicklung des Index zu halten. Dennoch besteht das Risiko, dass dieses Versprechen nicht eingehalten werden kann und sich der synthetisch replizierende ETF schlechter entwickelt als der zugrundeliegende Index.

# Cost-Average-Effekt

Der Cost-Average-Effekt ist eine Besonderheit, die es nur bei Investmentsparplänen gibt, die regelmäßig, also zum Beispiel monatlich, mit einem gleichbleibenden Betrag bespart werden. Besonders stark ist dieser Effekt bei sehr volatilen, also stark schwankenden Kursen, wie wir sie bei Aktien haben.

**Wann sollte man einsteigen?**

Wenn du eine Einmalanlage in Aktien tätigst, also zum Beispiel eine größere Summe in einen Aktienfonds investieren möchtest, dann stellt sich stets die Frage nach dem richtigen Einstiegszeitpunkt. Wann sind die Aktien hoch bewertet, wann niedrig? In welche Richtung wird sich der Kurs wohl bewegen? Diese Fragen musst du dir bei einem Aktiensparplan nicht stellen.

Wenn du einen gleichbleibenden monatlichen Betrag investierst, dann kaufst du automatisch wenig Anteile, wenn der Kurs hoch ist, und viele Anteile, wenn der Kurs niedrig ist. Dadurch kannst du eine überdurchschnittlich hohe Rendite im Vergleich zur Einmalanlage von Geld erzielen. Dieser Effekt wird Cost-Average-Effekt genannt.

Kleiner Tipp am Rande: Den Cost-Average-Effekt kannst du auch nutzen, wenn du eine bestimmte Summe Geld in Aktienfonds, zum Beispiel in ETFs, anlegen möchtest. Du teilst das Geld dann einfach auf mehrere Kaufzeitpunkte auf.

**Beispiel:** *Du möchtest 2400 Euro investieren. Dann könntest du dir einen einzigen Kaufzeitpunkt heraussuchen oder das Geld auf 12 × 200 Euro oder 24 × 100 Euro als Sparplan aufteilen.*

Häufig wird gefragt, ob es überhaupt klug ist, jetzt mit dem Investieren zu beginnen, oder ob man nicht doch noch ein bisschen abwarten sollte. Zu diesem Thema gibt es bereits einige Studien, die gezeigt haben, dass es beim langfristigen Investieren nicht ums »Timing«, sondern um die Zeit im Markt geht. Daher stammt auch der Satz »time in the market beats timing the market«. Du solltest möglichst lange investiert sein, über einen langen Zeithorizont. Das bedeutet: Je früher du anfängst, desto besser![33]

**Beispiel:** *Dazu möchten wir dir eine kleine Geschichte erzählen: Hannah und Lena trafen sich im Januar 2010 in einem Kaffeehaus. Beide waren zu dem Zeitpunkt 20 Jahre alt und arbeiteten Vollzeit in einem Angestelltenjob. Hannah berichtete Lena, dass sie von Aktien gehört habe und sich dazu entschieden habe, ihr Geld in Aktien anzulegen. Lena fiel vor Schreck fast die Kaffeetasse aus der Hand: »Du zockst also mit deinem Geld herum? Dann geh doch gleich ins Casino!«, antwortete sie.*

*Damit war das Gespräch zum Thema Finanzen beendet und sie fuhren mit ihrem Geplauder über ihre Beziehungen fort.*

*2020 trafen sich die langjährigen Freundinnen erneut. Lena, die damals so entsetzt auf das Aktienthema reagierte, berichtete, dass sie sich nun auch mehr mit ihren Finanzen auseinandergesetzt habe und seit einem Monat an der Börse investiert sei. Inzwischen bereute sie es, erst jetzt angefangen zu haben, zehn Jahre später als Hannah.*

*Hannah hatte mit 20 Jahren begonnen, 500 Euro monatlich in ETFs zu investieren. Lena investierte dieselbe Summe jeden Monat, aber erst seit ihrem 30. Geburtstag.*

*Lasst uns einen Blick in Zukunft werfen. Angenommen, beide erzielen eine Rendite von 7 Prozent pro Jahr. Steuern und Inflation lassen wir für dieses Beispiel erstmal aus.*

*Hannah wird zu ihrem 50. Geburtstag ein Vermögen von 588.254,55 Euro besitzen. Und das, obwohl sie selbst »nur« 180.000 Euro eingezahlt hat. Die restlichen 408.254,55 Euro sind Zinsen. Lena hingegen hat an ihrem 50. Geburtstag »nur« 255.299,43 Euro. Klar, das ist auch viel Geld, aber weniger als die Hälfte von Lenas Vermögen. Hannah hat nur 135.299,43 Euro an Zinsen erwirtschaftet.*

## Festverzinsliche Wertpapiere

Festverzinsliche Wertpapiere sind Anlagen, die dir einen regelmäßigen Zinsertrag bringen, meistens einmal pro Jahr. Sie werden korrekterweise Rentenpapiere genannt. Das hat nichts mit der Altersrente zu tun. Der Begriff Rentenpapier kommt daher, dass es eine regelmäßige Ausschüttung in Form von Zinsen gibt, ähnlich wie bei einem Sparbuch. Auch festverzinsliche Papiere können im Kurs schwanken, doch das zu erklären, würde den Rahmen an dieser Stelle sprengen. Hier möchten wir dir in einfachen Worten erklären, was genau ein Rentenpapier ist und worin es sich von der Aktie unterscheidet.

Während du dich mit einer Aktie direkt am Unternehmen beteiligst, leihst du mit einem Rentenpapier einem Unternehmen (oder einem Land, einem Staat) etwas Geld.

**Festverzinsliche Wertpapiere bringen regelmäßig Ertrag**

Bei einer Aktie bekommst du nur dann eine Gewinnbeteiligung, wenn dieses Unternehmen auch Gewinn gemacht hat. Der Aktienkurs steigt mit zunehmendem Erfolg und/oder zunehmender Beliebtheit bei anderen Anlegern. Macht das Unternehmen Verluste, dann bekommst du keine Dividende und der Aktienkurs sinkt sehr wahrscheinlich.

Anders ist es bei festverzinslichen Wertpapieren. Du leihst einem Unternehmen quasi Geld und erhältst dafür jedes Jahr einen bestimmten

Zinssatz, zum Beispiel 3 Prozent. Wenn du also für 1000 Euro ein festverzinsliches Wertpapier kaufst, dann gibst du diesem Unternehmen, diesem Land oder diesem Staat einen Kredit von 1000 Euro. Es wird eine Laufzeit festgelegt, zum Beispiel fünf Jahre. Du weißt bereits bei der Anlage deines Geldes, dass du 5 × 30 Euro Zinsen bekommst und dass du nach fünf Jahren deine 1000 Euro zurückerhältst. Während dieser fünf Jahre kann der Kurs, wie oben erwähnt, auch schwanken. Das hängt vom Marktzins ab.

**Ein einfaches Beispiel hierzu:** *Mal angenommen, der Zins für ähnliche Rentenpapiere sinkt auf 1 Prozent. Dann würde sich ja ein anderer Käufer sehr über die 3 Prozent freuen, die dein Zinspapier abwirft. Wenn du also dieses Rentenpapier verkaufen würdest, dann bekämst du sehr wahrscheinlich mehr als 1000 Euro ausgezahlt (der Kurs ist gestiegen). Sollte der Marktzins in der Zwischenzeit auf 5 Prozent hochgehen, dann möchte kein Anleger mehr deine 3 Prozent bekommen, da er ja höhere Zinsen erzielen kann. In diesem Fall würde dein Kurs in der Zwischenzeit sinken. Doch die oben genannten Zahlen, also 30 Euro jährliche Zinszahlung und die 1000 Euro Rückzahlung am Ende, bleiben davon unberührt.*

Auch bei festverzinslichen Papieren gibt es teilweise große Risiken, vor allem, wenn du in Unternehmen oder Länder investierst, die Zahlungsschwierigkeiten haben. Sollte das Unternehmen in der Zwischenzeit in die Insolvenz gehen, hast du als Anlegerin oder Anleger leider Pech gehabt.

Festverzinsliche Papiere gehören als Sicherheitsanker in jedes gute Investmentdepot, auch wenn sie aktuell (Stand 2022) vom Zinssatz her nicht allzu attraktiv erscheinen.

## Nachhaltige Geldanlage

Nachhaltigkeit und Ethik spielen eine immer wichtigere Rolle in unserem Leben und in unserer Gesellschaft. Jeder von uns versteht etwas anderes unter einem nachhaltigen Leben beziehungsweise hat auch jeder von uns andere ethische und moralische Vorstellungen. Dem einen reicht es vielleicht aus, wenn er die Waffenindustrie nicht unterstützt. Der andere möchte aber auch Branchen wie die Luftfahrt oder Massentierhaltung meiden.

Generell profitieren Unternehmen vor allem vom Konsum. Indem du beim Konsum auf Nachhaltigkeit achtest, machst du schon eine ganze Menge! Durch den Kauf von Aktien oder ETFs verdienen Unternehmen in den meisten Fällen nicht direkt Geld. Gerade beim Kauf von ETF-Anteilen kauft man fast ausschließlich über den Sekundärmarkt, das heißt, man kauft die entsprechenden Anteile einem anderen Investor ab. Dennoch profitieren Unternehmen aber auch von einem hohen Aktienkurs.

Bei ETFs gibt es zum Beispiel nachhaltige Alternativen, bei denen bestimmte Branchen ausgeschlossen werden wie etwa Alkohol, Tabak, Atomkraft, Waffen, Gentechnik oder Pornografie. In den nachhaltigen ETFs sind weniger Unternehmen enthalten als in den normalen, nicht nachhaltigen Varianten.

**Nachhaltige Fonds meiden bestimmte Branchen**

Hier stellt sich allerdings die Frage, ob der Begriff »Nachhaltigkeit« wirklich geeignet dafür ist. Klar schadet man mit übermäßigem Alkoholkonsum sich selbst, aber die Alkoholindustrie ist bei Weitem nicht so umweltschädlich wie die Tierindustrie beispielsweise. Auch das Thema Gentechnik ist stark umstritten unter Experten. Die einen sehen darin eine nachhaltige Chance, die anderen das Gegenteil davon.

## Abkürzungen und Bezeichnungen bei Nachhaltigkeits-ETFs:

- ESG: Environmental Social Governance
- SRI: Socially Responsible Index
- Low Carbon: Wenig $CO_2$-Ausstoß

Bei den nachhaltigen ETFs werden die Unternehmen nach einer Liste von Kriterien ausgewählt, je nach Branche. So kann man Unternehmen innerhalb von einer Branche miteinander vergleichen. Zwei nachhaltige ETFs wären zum Beispiel der MSCI Socially Responsible Index (SRI) oder der Dow Jones Sustainability Index World Enlarged. Nestlé ist beispielsweise im MSCI SRI nicht erhalten, im entsprechenden Dow Jones aber schon. Außerdem sind Facebook, Apple, Google und Amazon in diesen ETFs nicht enthalten, Microsoft hingegen sehr wohl. Wie du siehst, kann es also sein, dass die Kriterien für Nachhaltigkeits-ETFs nicht unbedingt mit deinen Vorstellungen übereinstimmen.

So kommt beispielsweise der MSCI-World-ESG-ETF zustande: Alle Unternehmen, die sich im MSCI World befinden, werden nach dem MSCI-ESG-Rating klassifiziert. Die Unternehmen, die bei dem Rating schlecht abschneiden, wie zum Beispiel Alkohol, Tabak, Atomenergie oder Kohlekraftwerke, werden ausgeschlossen. Dann erfolgt eine Gewichtung je nach Rating – Unternehmen, die besser bewertet werden, werden stärker gewichtet.

Da in solchen nachhaltigen ETFs weniger Unternehmen enthalten sind als in den ursprünglichen, besteht auch das Problem der Übergewichtung. Unter der Bezeichnung »5 % Capped« versteht man, dass kein Unternehmen mehr als 5 Prozent vom Index ausmacht.

Außerdem gibt es noch Branchen-ETFs, die nur Unternehmen einer bestimmten Branche enthalten. Hier ist allerdings die Diversifikation eingeschränkt, da man sich auf einen wirtschaftlichen Bereich, wie zum Beispiel Windkraftwerke, fokussiert.

Eine weitere Möglichkeit, nachhaltig zu investieren, sind Einzelaktien. Ein großer Vorteil von Einzelaktien im Gegensatz zu ETFs ist, dass man gezielt wählen kann, welche Unternehmen man in seinem Depot haben möchte und welche nicht. Das heißt, man kann lediglich Aktien von nachhaltigen Unternehmen kaufen und dabei selbst entscheiden, was man als umweltschonend empfindet und was nicht. Dennoch gibt es in unserer vernetzten Welt das Problem, dass möglicherweise Zulieferer von nachhaltigen Unternehmen nicht nachhaltig handeln.

Dabei muss man zudem beachten, dass dies auf Kosten der Diversifikation gehen kann. Wenn man nur drei Unternehmen findet, in die man investieren will, weil einem alle anderen zu wenig nachhaltig erscheinen, dann ist das Verlustrisiko sehr hoch.

Schließlich geht es uns ja darum, unser Geld gewinnbringend anzulegen. Wenn wir in drei Aktien zu je 33,3 Prozent investieren und eine davon meldet Insolvenz an, dann zieht das unser ganzes Depot runter. Dabei lautet das Ziel Kapitalvermehrung, nicht Kapitalvernichtung – auch wenn diese Begriffe zum Verwechseln ähnlich klingen.

Klar hat man mit Einzelaktien auch die Chance, den Markt zu schlagen, aber nur die Wenigsten schaffen dies langfristig. Wenn du dich nicht mit Einzelwerten beschäftigen möchtest, dann sind auch hier Investmentfonds eine gute Alternative. Es gibt die sogenannten Ökofonds. Hier gelten aber hohe Kosten, eine geringe Diversifikation oder auch undurchsichtige Kriterien als häufige Probleme.

Außerhalb von Aktien und ETFs kommen vielleicht noch andere Asset-klassen infrage, in die du investieren könntest. Dazu zählen beispielsweise Immobilien zur Vermietung oder zum Weiterverkaufen.

Auch eine Investition in ein Waldgrundstück, Ackerfläche oder Ähnliches könnte eine Überlegung wert sein. Bäume sind die Sauerstoffproduzenten auf unserem Planeten und somit absolut notwendig. Außerdem wachsen Bäume auch in Wirtschaftskrisen.

Wie bei anderen Anlageklassen ist auch hier Wissen gefragt. Man sollte bedenken, dass zusätzlich zum Kaufpreis zum Beispiel auch noch Kosten für den Notar oder Grunderwerbssteuer gezahlt werden müssen und dass es sich um eine sehr langfristige Anlage handelt. Denn so ein Baum braucht viele Jahre oder Jahrzehnte, um zu wachsen, und natürlich auch Pflege.

## Börsenregeln

Schon als kleines Kind hat man dir beigebracht, nicht über Rot zu gehen und nach links und rechts zu schauen, wenn du eine Straße überquerst. Wie würde wohl unser Straßenverkehr funktionieren, wenn es keine Regeln gäbe? Vermutlich wären die Unfallzahlen um einiges höher.

Auch an der Börse gibt es ein paar Regeln, die du beachten solltest, wenn du keinen Finanzunfall bauen möchtest. Auf ein paar bekannte Börsenweisheiten werden wir nun eingehen.

### Kaufe nichts, was du nicht verstehst

Bevor du Geld in die Hand nimmst und investierst, mache dir bewusst, worin du investierst. Verstehst du, wo dein Geld hingeht? Kannst du es in einfachen Worten erklären? Wenn nicht, dann setze dich mehr damit auseinander oder lass die Finger davon.

### Time in the market beats timing the market

Den Wenigsten wird es gelingen, den optimalen Einstiegs- und Ausstiegs-zeitpunkt zu treffen, deshalb versuche es lieber erst gar nicht. Konzentriere dich stattdessen darauf, über möglichst lange Zeiträume an der Börse investiert zu sein. Das heißt: Je früher du anfängst, desto besser. Über die Monate und Jahre wird dein Depotwert natürlich immer ein bisschen schwanken, aber langfristig ging es in der Vergangenheit immer nach oben.

### Breit gestreut, nie bereut

In nur ein einziges Unternehmen zu investieren, ist keine gute Idee. Denn wenn diese Firma pleitegeht, ist auch dein Geld futsch. Leider tendieren viele Anleger zum sogenannten »Home Bias« und investieren vor allem in heimische Unternehmen. Achte darauf, dass du über verschiedene Branchen, Länder und Währungen diversifizierst.

**Nicht alle Eier in einen Korb!**

### Hin und her macht Taschen leer

Mit jedem Kauf oder Verkauf, den du an der Börse tätigst, geht Zeit und meistens auch Geld drauf. Manche Investoren wechseln alle paar Wochen ihre Strategie. Dabei hat die Vergangenheit schon oft gezeigt, dass auch an der Börse, was den Aktionismus angeht, weniger oft mehr ist.

### Cash is king versus cash is trash

Was das Thema Cash angeht, gibt es zwei Lager. Die einen befürworten es, große Barreserven zu haben, die anderen sehen Cash eher als »trash« an.

Wie viel nicht investiertes Kapital man haben möchte, hängt natürlich sehr von der Anlagestrategie und den eigenen Vorlieben ab. Für Menschen mit hohem Sicherheitsbedürfnis oder selbstständiger bzw. unternehmerischer Tätigkeit ist es bestimmt sinnvoll, prozentual weniger Geld risikoreich anzulegen. Außerdem hat man dadurch bei Kurseinbrüchen die Chance, günstig nachzukaufen. Langfristig ist es hinsichtlich Rendite aber natürlich besser, das Kapital anzulegen. Denn auf dem Konto wird das Geld durch die Inflation nur aufgefressen.

### Nur Geld investieren, auf das man verzichten kann

Niemand kann verlässlich vorhersagen, wann genau der nächste Crash kommen wird. Ob es nur ein paar Monate oder ein paar Jahre dauern wird, steht in den Sternen. Aus diesem Grund solltest du kein Geld investieren, welches du kurzfristig dringend benötigst. Denn dann kommst du auch nicht in Gefahr, mit Verlust verkaufen zu müssen.

### Aktien nicht auf Kredit kaufen

Nimm keinen Kredit auf, um Aktien zu kaufen. Das kann nämlich ganz schön in die Hose gehen! Selbst für Experten ist die Einschätzung des Markts kaum möglich und es kann passieren, dass sich deine Aktien anders entwickeln als erhofft. Dann besteht die Gefahr, dass du eventuell noch mehr Schulden aufnimmst, um die Verluste auszugleichen. Und das ist ein Teufelskreis! Im schlimmsten Fall droht neben einem Totalverlust auch noch eine Privatinsolvenz, was eine enorme psychische Belastung darstellt. Deshalb: Kaufe keine Aktien auf Kredit!

**Nimm keinen Kredit auf, um Aktien zu kaufen!**

### Kursschwankungen und Krisen aussitzen

Krisen wird es immer geben. Doch bisher nahm jeder Crash ein Ende. Wichtig ist, dass du nicht in Panik verfällst und verkaufst. Denn solange du nicht verkaufst, hast du auch kein Geld verloren. Der Aktienkurs entsteht durch Angebot und Nachfrage. Es gibt immer mal Phasen, in denen die Nachfrage zurückgeht, doch es kommen wieder Zeiten mit erhöhter Nachfrage und die Aktienkurse steigen erneut. Deshalb ist es wichtig, dass du nur Geld anlegst, auf das du nicht kurzfristig angewiesen bist. Denn dann kommst du auch nicht in die Gefahr, in der Krise mit Verlust verkaufen zu müssen.

### Verluste begrenzen und Gewinne laufen lassen

Menschen tendieren dazu, Verluste höher zu gewichten als Gewinne. Das heißt, dass man sich über einen Verlust von 200 Euro mehr ärgert, als man sich über einen Gewinn von 200 Euro freut. Dieses Phänomen wird als Verlustaversion bezeichnet und kommt auch an der Börse zur Geltung. Wir neigen dazu, Gewinne zu schnell zu realisieren, indem wir Aktien verkaufen. Dabei empfiehlt es sich viel mehr, Gewinne laufen zu lassen und uns auf das Beschränken von Verlusten zu konzentrieren.

### TINA (There is no alternative)

Immer wieder kommt es zu wirtschaftlichen Krisen. Aber trotzdem bleiben Aktien weiterhin attraktiv für Anleger. Das liegt mitunter an TINA, der Abkürzung für »there is no alternative«. Das heißt, Aktien sind unter anderem deshalb so beliebt, weil es einen Mangel an Anlagealternativen mit positiver Rendite gibt.

### Greife nicht in ein fallendes Messer

Laut dieser Börsenweisheit sollte man nicht in Aktien investieren, die gerade auf einem absteigenden Ast sind. Es besteht nämlich die Gefahr, dass diese noch weiter fallen, und vorherzusagen, wann eine Aktie ihren Tiefpunkt erreicht hat, ist sehr schwierig.

### Auf die Kosten aufpassen

Achte beim Investieren unbedingt auch auf die Kosten. Wenn du nämlich zu viele Gebühren bezahlst, frisst das deine Rendite auf. Glücklicherweise kann man Aktien heutzutage um einiges günstiger kaufen als früher. Berücksichtige bei deiner Brokerwahl also unbedingt auch die Kosten.

## Was tun bei einem Crash?

Immer wieder liest man von der Angst vor einem großen Crash oder sogar einem Kollaps des gesamten Finanzsystems. Manche Weltuntergangspropheten verkünden bereits seit Jahren, dass das gesamte System bald zusammenbrechen wird. Doch was man nicht vergessen darf: Sie verdienen Geld, indem sie Angst schüren. Oft dient die Panikmache dem Verkauf eigener Produkte. Und ja, irgendwann werden auch sie recht haben, denn es ist ganz normal, dass es immer wieder zu Wirtschaftseinbrüchen kommt. Auch der nächste Kurssturz und die nächste Krise kommen bestimmt. Doch wichtig ist einzig und allein, wie du damit umgehst.

Natürlich ist es im ersten Moment alles andere als schön, wenn das Depot im Minus ist und man über Monate und Jahre nur rote Zahlen vor sich sieht. Wenn das Geld, das man sich über Jahre angespart hat, plötzlich zu verschwinden scheint. Viele Unternehmen werden sich erholen – manche jedoch auch nicht. Aber bisher hat sich die Weltwirtschaft nach jedem Crash erholt. Eine Krise kann eventuell auch als Chance genutzt werden. Wenn du während der Kursrückgänge weiter nachkaufst, profitierst du von günstigen Einstiegskursen. Während du für Aktie XY vor ein paar Monaten noch 150 Euro gezahlt hast, erhältst du sie nun schon für 120 Euro. Wenn die Krise dann vorbei ist, freust du dich umso mehr, günstig eingekauft zu haben.

Vergleiche es mit dem Sale im Shoppingcenter. Würdest du deine Kleidungsstücke im Schrank verkaufen, nur weil gerade Schlussverkauf ist? Vermutlich nicht, oder? Ganz im Gegenteil: Wenn im Laden Sale ist, stürmen alle in die Geschäfte und kaufen wie wild ein. Warum ist das an der Börse anders? Die Börse ist einer der wenigen Orte, wo der Ausverkauf Panik auslöst.

**Kursrückgänge sind nur Buchverluste**

Mach dir bewusst, dass es sich bei Kursrückgängen im Depot lediglich um Buchverluste handelt. Solange du nicht verkaufst, hast du kein Geld verloren, denn du hast die Verluste ja nicht realisiert.

Ein Crash kann auch eine gute Möglichkeit sein, um deine Asset-Allocation neu zu beurteilen. Asset-Allocation heißt übersetzt: Aufteilung deines Vermögens in verschiedene Anlage- und Risikoklassen. Vielleicht merkst du, dass du doch lieber mehr Geld auf dem Tagesgeldkonto hättest. So kannst du die Volatilität, also die Schwankung deines Gesamtvermögens, verringern. Indem du mehr Geld auf sichere Anlagen verteilst, ist dein Gesamtkapital nicht mehr so anfällig für Kursverluste.

**Beispiel:** *Würden 100 Prozent deines Kapitals in Aktien investiert sein und es käme zu einem Kursverlust von 25 Prozent, dann würde dein Gesamtvermögen vorübergehend um 25 Prozent sinken. Sind jedoch nur 50 Prozent deines Geldes am Aktienmarkt angelegt, so würde dein Gesamtvermögen nur um 12,5 Prozent an Wert verlieren.*

Natürlich werden dadurch nicht nur Schwankungen nach unten abgefedert, sondern auch nach oben. Das heißt, dass dir durch eine sicherheitsorientiertere Strategie wahrscheinlich auch mehr Rendite entgeht. Hierbei kommt es aber stark auf dein eigenes Sicherheitsbedürfnis und deine allgemeine Situation an.

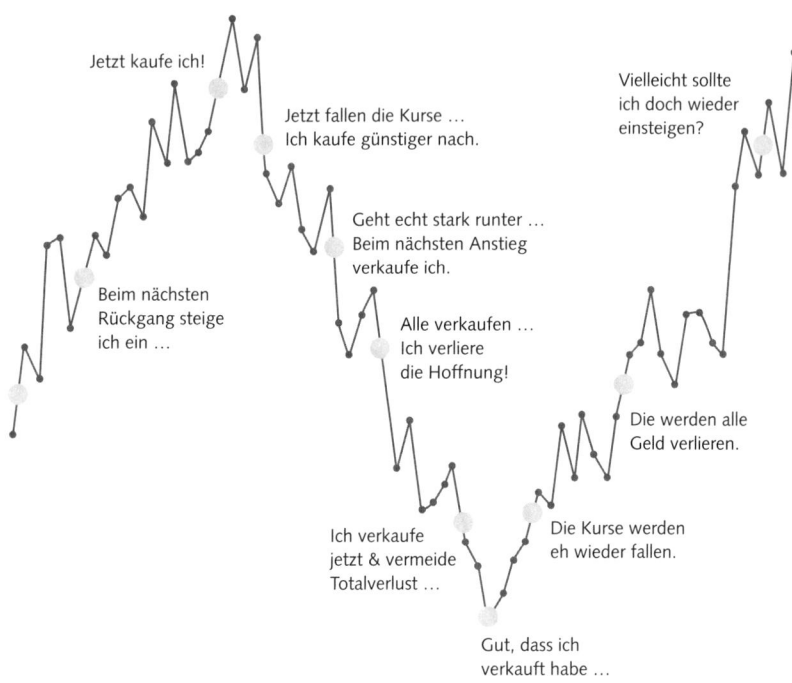

# Edelmetalle: Investieren in Silber oder Gold?

Gold lässt sich in Form von Münzen oder Barren kaufen. Doch ist Gold eine gute Investition? Das kommt natürlich auch auf deine Renditeerwartungen an. Tatsache ist, dass es sich bei dem Edelmetall um einen endlichen Rohstoff handelt. Gerade Krisenzeiten ließen den Goldpreis in der Vergangenheit oft stark ansteigen. Auch der Ukrainekrieg sowie die hohen Inflationsraten der letzten Monate führten zu Höchstständen im Frühjahr 2022.

Ein Nachteil von Gold ist allerdings, dass es weder Zinsen noch Dividenden abwirft. Der Gewinn (oder Verlust) ergibt sich einzig und allein durch die Differenz zwischen Kauf- und Verkaufspreis. Nach einem Jahr

Besitz ist der Gewinn steuerfrei. Vergleicht man die langfristige Kursentwicklung des Goldes mit der des MSCI World, so wies das Edelmetall eine geringere Rendite bei einer stärkeren Schwankung auf. Während die Kursgewinne von Gold zwischen 1975 und 2022 bei 4,2 Prozent pro Jahr lagen, betrugen die des MSCI World im gleichen Zeitraum 9,7 Prozent. Während der Goldkurs Schwankungen von 17,8 Prozent aufwies, beliefen sich diese beim MSCI World auf 15,2 Prozent.[34]

**In Krisen steigt der Goldpreis**

Interessant ist auch, dass sich Gold und Aktienindizes gerade auch in Krisen häufig gegensätzlich verhalten. Während Aktienkurse oft stark einbrechen, fällt der Kursrückgang bei Gold vielmals geringer aus oder es kommt sogar zu einem Anstieg des Goldpreises.

Doch eignet sich Gold nun als Investment? Auch wenn Weltindizes in der Vergangenheit eine höhere Rendite aufwiesen, kann sich Gold als Beimischung im Depot lohnen. So kannst du dein Portfolio noch weiter diversifizieren und dadurch auch Risiken verringern. Du solltest allerdings beachten, ob zusätzliche Kosten für die Lagerung anfallen.

Es gibt allerdings Alternativen zum physischen Gold. Dazu zählen Wertpapiere, welche die Entwicklung des Goldpreises nachbilden, zum Beispiel Gold-ETCs oder Gold-Zertifikate. Der Vollständigkeit halber zu nennen sind auch Goldminen-Aktien und Fonds, die in Aktien dieser Art anlegen.

## Kryptowährungen

Die Anzahl an verschiedenen Kryptowährungen hat sich in den letzten Jahren stark erhöht. Die Marktkapitalisierung von Bitcoin liegt bei über 2,3 Milliarden US-Dollar und gilt damit als die größte unter den Kryptocoins. Für Kryptowährungen spricht die Dezentralität und dass sie nur begrenzt vorhanden sind. Aus letzterem Grund werden sie auch als inflationsgeschützt bezeichnet, anders als unser liebes Geld. Kryptowährungen lassen sich schnell und weltweit handeln. Allerdings besitzen sie keinen intrinsischen Wert und weisen eine hohe Volatilität auf. Viele betrachten Kryptowährungen eher als Spekulation statt als Investition. Auf jeden Fall sei gesagt, dass man auch hier das Risiko nicht vergessen sollte. Zuletzt brachen die Werte stark ein.

# Vorsicht vor falschen Versprechungen und unseriösen Angeboten!

## Gefährliche Trends

**Daniela:** *Ich möchte euch gerne auf eine Zeitreise mitnehmen. Wir schreiben das Jahr 1996. Ich selbst war 24 Jahre jung. Es war die Zeit, in der sich Aktien erstmalig in Deutschland einer großen Beliebtheit erfreuten. Ich fing als Finanzberaterin in einer großen deutschen Bank mit blauem Logo an. Die Aktienmärkte waren freundlich, der Zinsmarkt weniger attraktiv als in den Jahren davor. Immer mehr Menschen interessierten sich für Aktien und Investmentfonds. Es folgten vier sehr spannende Jahre, denn fast alles, was wir an Anlageempfehlungen gaben, kannte nur eine Richtung: nach oben!*

*Es war die Zeit des sogenannten »Neuen Marktes«. Immer mehr Technologie- und Internetfirmen gingen an den Start. Es waren teilweise Garagenfirmen, die plötzlich eine Börsenbewertung von mehreren Millionen Euro hatten. Jeder spielte mit dem Prinzip Hoffnung, denn das Internet wurde immer populärer. Weiterhin gingen ehemalige Staatsfirmen, wie zum Beispiel die Telekom, und sonstige Unternehmen an die Börse. Jeder wollte mitspielen – auch bei den Anlegern. Ich erinnere mich mit einem Schmunzeln an die Zeit zurück, in der wir in der Bank im 10-Minuten-Takt Depots eröffnet haben und die Kunden ihr Geld unbedingt in Telekom, Infineon oder diverse Internetfirmen investieren wollten. Gefühlt jeder wollte etwas vom Kuchen abhaben. Dann kam das Jahr 2001. Die Börsen waren bereits im Verlaufe der ersten acht Monate leicht rückläufig. Doch der große Knall kam dann am 11.09.2001, als die Welt gefühlt stillstand. Es war der Tag, an dem das World Trade Center in New York Opfer eines Terroranschlags wurde. Alle Börsen krachten in den Keller und es dauerte viele Jahre, bis sie sich davon erholten.*

**Trends – rechtzeitig auf einen Zug aufspringen**

Warum erzählt Daniela diese Geschichte an dieser Stelle? Die Antwort ist einfach: Bitte pass auf bei zu großen Trendthemen. Die Kunst ist es, früh genug auf einen Zug aufzuspringen. Gerade im Jahr 2022 zeigen sich ähnliche Tendenzen wie in den ersten Monaten des Jahres 2001. Der Markt ist überhitzt. Während wir dieses Buch hier schreiben (im Sommer 2022), sind schon einige Turbolenzen am Markt zu erkennen. Kryptowährungen sind abgestürzt, einige Aktien haben Talfahrten hinter sich. Es ist ein kleines bisschen wie damals: Gefühlt jeder springt auf den Trend Aktien, Krypto und Immobilien auf, weil es viele Menschen gibt, die damit steinreich geworden sind. Doch Vorsicht: In dem Moment, in dem gefühlt *alle* auf ein Thema aufspringen, fangen Großinvestoren und professionelle Anleger oft an, sich aus dem Markt zurückzuziehen. Natürlich kannst du nach wie vor mit den am Markt möglichen Kapitalanlagen spielen oder spekulieren, doch sei dir bitte immer des Risikos bewusst. Wie schon beim Thema Liquidität angesprochen: Ein Tagesgeldkonto oder ein Rentenfonds scheinen von der Rendite her wenig sexy zu sein, doch sie dienen als Sicherheit in deinem Portfolio, wenn Märkte zusammenbrechen und du dennoch kurzfristig Geld benötigst. Die Kunst ist es, bei zusammenbrechenden Märkten zu entscheiden, ob du dein Geld aus den Investments rausnimmst oder durchhältst und wartest, dass sich die Kurse erholen. Einen Tipp möchten wir dir hier an die Hand geben. Mal angenommen, einer deiner Werte stürzt ab. Um es konkret zu machen, nehmen wir ein Zahlenbeispiel.

*Beispiel: Du hast 200 Euro in eine ABC-Aktie investiert. Leider ist diese Aktie in den letzten Wochen auf 100 Euro abgestürzt. Nun hast du drei Möglichkeiten:*

1. *Abwarten und hoffen, dass sich die Aktie wieder erholt*
2. *Die ABC-Aktie für 100 Euro nachkaufen. Damit verbilligst du deinen durchschnittlichen Einkaufskurs, da du ja einmal 200 Euro und einmal 100 Euro investiert hast. Somit hast du im Durchschnitt 150 Euro pro Aktie bezahlt.*
3. *Die ABC-Aktie für 100 Euro verkaufen und in eine andere Anlage investieren*

*Für die richtige Entscheidung hilft dir folgende Fragestellung: Wenn deine 100 Euro nicht in der ABC-Aktie investiert wären, sondern auf deinem Konto lägen: Welche Aktie würdest du dann kaufen? Würdest du dich wieder für die ABC-Aktie entscheiden oder gibt es inzwischen einen anderen Wert, der eventuell sehr viel schneller wieder nach oben geht?*

Nun haben wir das hier bewusst mit kleinen Zahlen aufgezeigt. Bei 100 Euro kann man vielleicht noch sagen: »Egal!« Doch was ist, wenn es keine 100 Euro, sondern 1000 oder sogar 10.000 Euro sind? Dann wird die Frage hochrelevant. Willst du wirklich an einer Kapitalanlage festhalten in der Hoffnung, dass diese sich wieder erholen wird? Oder investierst du dein Geld dann lieber in eine Variante, die auf Grundlage der aktuellen Zahlen, Daten und Fakten eventuell sehr viel mehr Rendite abwerfen könnte? Märkte verändern sich ständig und die Kunst ist es, flexibel darauf zu reagieren und nicht nur irgendwelchen Trends nachzulaufen.

Das bringt uns generell zu dem Thema Risikokapital. Manch ein Angebot klingt allzu verlockend! Du bekommst Versprechungen, mit wenig Einsatz sehr viel Geld zu verdienen. Bei vielen dieser Angebote wird mit dem Traum der Menschen nach finanzieller Freiheit und Reichtum gespielt. Je größer die Sehnsucht ist, desto schneller mag diese Person gut klingenden Verlockungen folgen. Vielleicht mag es die eine hochinteressante und hochrentable Geldanlage geben, aber behalte immer im Hinterkopf: Je mehr Rendite du erzielen kannst, desto risikoreicher ist so eine Kapitalanlage meistens. Ein gutes Beispiel hierfür sind Aktien, Optionsscheine, Hebelprodukte oder Kryptowährungen. Mit diesen Anlagen kannst du sehr wohl sehr schnell viel Geld verdienen, aber du kannst es genauso schnell verlieren. Vielleicht fragst du dich jetzt, was Optionsscheine und Hebelprodukte sind. Dies ausführlich zu erklären, würde den Rahmen dieses Buches sprengen. In der Kurzdefinition sind Optionsscheine Wetten. So kannst du beispielsweise nicht nur auf steigende, sondern auch auf auf fallende Kurse wetten. Das Besondere dabei ist, dass du meist nur einen kleinen Betrag investieren musst und ein Vielfaches an Gewinn erzielen kannst. Es gibt bei den meisten Optionen nur hopp oder top. Entweder ist dein Geld weg oder du hast einen wirklich satten Gewinn. Deswegen nennt man diese Produkte auch Hebelprodukte. Das ist sind keinesfalls Anfängerprodukte, sie gehören in die Hände von Profis. Doch unabhängig von diesen Produkten ist es wirklich nicht so ganz einfach, Möglichkeiten zu finden, mit denen du ganz schnell dein Geld vervielfachen kannst. Es gibt zwar Angebote von sogenannten Tradern, die genau diese und andere spannende Finanzinstrumente nutzen, um das Geld ihrer Kunden zu mehren, doch die wirklich guten und seriösen Trader fangen in der Regel erst mit höheren Beträgen an.

## Schneeballsysteme

Damit kommen wir zu den oft unseriösen Angeboten. Viele Angebote, die das schnelle Geld versprechen, sind in Wirklichkeit sogenannte Schneeballsysteme. Hast du das Wort schon mal gehört? Ein Schneeballsystem ist ein System, bei dem immer mehr Geld eingezahlt werden muss (durch wen auch immer), damit es weiterlaufen kann. Kommt kein Geld mehr nach, bricht es zusammen. Es ist ein ähnliches System wie bei Kettenbriefen. Du hast doch bestimmt schon mal per WhatsApp oder einem anderen Messenger Nachrichten bekommen, die sinngemäß lauteten: »Leite diese Nachricht an acht Menschen weiter und du wirst irgendwas Tolles erhalten.« Das können nicht greifbare Dinge sein wie »etwas Wundervolles wird dann passieren« oder aber auch materielle Versprechungen. Dann gibt es vielleicht eine Liste von Namen, beispielsweise acht Personen. Du bekommst die Aufgabe, an die erste Person auf der Liste irgendetwas zu senden, zum Beispiel ein Buch. Anschließend streichst du den Namen von der Liste und die Person, die an zweiter Stelle stand, rückt auf Stelle eins vor. Deinen eigenen Namen kannst du an die Stelle Nummer acht setzen. Anschließend leitest du diese Nachricht an acht Personen aus deinem Umfeld weiter. Jede dieser acht Personen sendet nun an die erste Person auf der Liste ein Buch, setzt ihren Namen an Stelle acht und versendet die Nachricht wiederum an acht Menschen weiter. Die Teilnehmenden bekommen theoretisch irgendwann von sehr vielen Menschen ein Buch. Doch du merkst schon, damit das System funktionieren kann, müssen immer mehr Menschen mitmachen. Wenn es irgendwo stockt, dann hat die Person, die dann an erster Stelle steht, leider Pech gehabt. Bei Büchern mag der Schaden noch relativ gering sein, aber es gibt jede Menge Systeme, die mit Geld funktionieren. Manche kannst du schnell erkennen, da es sehr offensichtlich ist. So gibt es aktuell nicht nur ein System, das dir verspricht, dass du nur einmal eine bestimmte Menge an Geld »verschenken« sollst und nach einer gewissen Zeit die zum Beispiel achtfache Summe zurückerhältst. So verlockend das auch klingen mag: *Finger weg!* Unabhängig davon, dass das System nur funktioniert, wenn auch immer neue Menschen hinzukommen, es ist schlichtweg verboten. Es ist eine kriminelle Handlung. Übrigens: Auch das Finanzamt kennt hier keinen Spaß. Wenn du eine Geldsumme zum Beispiel über so ein System erhältst, muss sie versteuert werden. Natürlich gibt es einen Schenkungsfreibetrag (und das ist eines der Argumente solcher Systeme), doch diese Systeme dienen eindeutig dazu, durch die Einzahlungen neuer Interessenten Geld für den Einzelnen zu erschaffen.

Manchmal werden solche Systeme als Investment oder Kapitalanlage verkauft. So kann manch ein Vermögensverwalter oder Trader (jemand, der Finanzinstrumente wie Optionen, Hebelprodukte etc. nutzt) nur deswegen jeden Monat hohe Gewinne erwirtschaften, weil er immer wieder »neues Geld« in sein System holt. Wie oben schon erwähnt, gibt es jede Menge seriöser Anbieter, aber leider auch die unseriösen. Nicht immer kannst du den einen vom anderen unterscheiden. Damit du seriöse von unseriösen Angeboten unterscheiden kannst, geben wir dir ein paar Punkte mit, auf die du achten solltest:

- Wird dir ein »Geldgeschenk« versprochen, zum Beispiel, dass du die x-fache Summe von deinem eingezahlten Geld von anderen zurückbekommst, ohne dass du außer deiner Einzahlung etwas dafür tun musst? Wenn ja, dann Finger weg! Es wird sich mit ausgesprochen großer Wahrscheinlichkeit um ein verbotenes Schneeballsystem handeln.
- Werden dir hohe Gewinne versprochen mit nur sehr wenig oder gar keinem Risiko? Dann sei bitte skeptisch. Hochrentable Kapitalanlagen bringen nun mal gewisse Risiken mit sich.
- Kannst du bereits mit Minisummen bei einem Trader einsteigen und vom Daytrading (tägliches, manchmal stündliches Kaufen und Verkaufen von Wertpapieren und Finanzprodukten) profitieren? Dann informiere dich bitte sehr genau darüber, ob das wirklich seriös ist oder eventuell ein verkapptes Schneeballsystem dahintersteckt, das irgendwann einfach geschlossen wird. In so einem Fall wäre dann auch dein Geld weg.
- Schau in das Impressum von Anbietern. Wo sitzen sie? Wenn Anbieter beispielsweise eine Adresse irgendwo in der Karibik haben, dann hast du im Zweifel keine Möglichkeiten, an diese mit einem Anwalt heranzutreten, sollte dein Geld plötzlich weg sein. Manchmal gibt es auch Anbieter, bei denen gar keine Firmenadresse im Impressum steht.
- Schau dir Bewertungen im Internet an. Sehr unterschiedliche Bewertungen (z. B. sowohl viele Ein-Stern-Bewertungen als auch viele Fünf-Sterne Bewertungen) können ein Hinweis darauf sein,

dass irgendwas nicht stimmt. Die guten Bewertungen können theoretisch auch gefakt sein. Das relativiert sich, je mehr Bewertungen es auch im Mittelfeld gibt. Doch dass es nur Menschen gibt, die entweder begeistert oder enttäuscht sind, das ist eher unwahrscheinlich. Natürlich gibt es Anbieter, die polarisieren (also Anbieter, die entweder gemocht werden oder eben nicht), aber normalerweise existieren immer auch Bewertungen im Mittelfeld, gerade beim Thema Geldanlage.

Resümee: Augen auf bei der Kapitalanlage. Manch ein Supersystem ist eine große Luftblase und funktioniert nur, wenn immer wieder neues Geld ins System kommt. Unabhängig vom Risiko machst du dich auch strafbar, wenn du Schneeballsysteme unterstützt.

Eine wirklich gute Möglichkeit, um langfristig in die finanzielle Unabhängigkeit zu kommen, ist dagegen das Investment in Immobilien. Das schauen wir uns im nächsten Kapitel an.

# Früh übt sich, wer mit Immobilien Millionärin werden möchte

Wer ist überhaupt Immobilienmillionär/-in? Wann kannst du dich so bezeichnen? Was zählt dabei wirklich?

Oder anders gefragt: Was ist für dich ein Millionär, eine Millionärin? Was assoziierst du damit? Kannst du dir beispielsweise vorstellen, dass es Immobilienmillionäre gibt, die auf jeden einzelnen Euro achten müssen? Um eine Antwort zu finden, stellen wir dir hier noch eine weitere Frage: Ist jemand, der Immobilien im Wert von einer Million Euro besitzt, ein Immobilienmillionär?

Die Antwort: Vielleicht! Es kommt nämlich darauf an, aus welcher Perspektive du es betrachtest und wie die sonstigen Rahmenbedingungen aussehen. Um wirklich eine Antwort zu finden, gilt es, die Rahmenbedingungen anzuschauen. Auch hier helfen ein paar Fragen:

- Wie hoch ist die Immobilie mit Krediten belastet? Es ist zwar toll, wenn deine Immobilie eine Million Euro wert ist, doch das relativiert sich, wenn du beispielsweise 990.000 Euro Schulden (oder noch mehr) darauf hast.
- Ist es eine selbst genutzte Immobilie oder fließen Mieteinnahmen? Falls Mieteinnahmen fließen, kannst du diese frei verwenden oder musst du sie dafür nutzen, den Kredit abzuzahlen?
- Wie viel Geld musst du in deine Immobilie im Wert von einer Million Euro für Sanierungsmaßnahmen etc. investieren? Die teuerste Immobilie bringt dir nichts, wenn du nicht weißt, wie du beispielsweise die Heizung oder das Dach reparieren sollst, und wenn du dafür einen weiteren Kredit aufnehmen musst.

Es gibt viele Menschen, die behaupten, sie seien Immobilienmillionäre, und in den vergangenen Jahren war das auch gut möglich, weil die Wertentwicklung von Immobilien nur eine Richtung kannte: nach oben. Dennoch sollte in solchen Fällen die

Frage erlaubt sein, wie viel Darlehen noch auf der Immobilie lastet. Wenn du Immobilieneigentum im Wert von einer Million Euro hast, dagegen jedoch noch Darlehen beispielsweise in Höhe von 990.000 Euro stehen, ist das unter dem Strich ein Nettovermögen von 10.000 Euro, allerdings mit dem Potenzial, dass die Kreditsumme durch monatliche Rückzahlung sinkt und das Vermögen durch die Wertentwicklung der Immobilie steigt. Und während dieser Zeit hast du eventuell noch Mieteinnahmen, die im besten Fall nicht nur für die Rückzahlung deines Kredits reichen, sondern auch noch für weiterer Kapitalaufbau. Wie bei allen Kapitalanlagen gibt es auch hier keine Garantie dafür, dass es immer so weitergeht. Dazu später mehr. Zuerst beschäftigen wir uns mit dem Thema »Immobilie kaufen oder weiterhin zur Miete wohnen?«.

## Eigenheim oder zur Miete wohnen?

Wahrscheinlich hast du schon mal Sätze wie »Mieten ist Geld zum Fenster rauswerfen« gehört? In unserer Gesellschaft gilt ein Eigenheim meist als kluge finanzielle Entscheidung, die selten hinterfragt wird. Wer träumt denn nicht vom Haus mit Garten, in dem die eigenen Kinder irgendwann spielen können? Doch ist ein Eigenheim wirklich eine Investition oder vielleicht doch eher eine Lifestyle-Entscheidung?

Grundsätzlich kommt es hier auf viele Faktoren an. Natürlich ist es wichtig, dass man sich in seinem Zuhause wohlfühlt und es geht nicht bei allem im Leben um Effektivität und Rendite. Es stimmt auch, dass ein Eigenheim einen zum Sparen zwingt. Ein Mieter verspürt weniger Druck, Geld zu sparen. Aber wenn er sich nicht um seine private Altersvorsorge kümmert, steht er im Alter wahrscheinlich schlechter da als der Immobilienkäufer.

Trotzdem hier ein paar spannende Mythen zum Eigenheim aus dem Buch »Kaufen oder Mieten« von Gerd Kommer:[35]

- »Man bezahlt im Laufe des Lebens mindestens eine Immobilie ab, entweder seine eigene oder die Immobilie des Vermieters.«
Fakt ist, dass bei einem klassischen Eigenheimkredit sehr viel Geld für Zinsen, Instandhaltungskosten, Kosten für Kauf und Verkauf etc. ausgegeben wird. Sowohl Mieter als auch Eigenheimbesitzer geben viel für Wohnraum aus.
- »Immobilienpreise steigen immer.«
Zwischen 1981 und 2009 erlitt eine durchschnittliche deutsche Wohnimmobilie einen kumulativen Wertverlust von 30 Prozent.
- »Mieten ist Geld aus dem Fenster rauswerfen.«
Es ist keineswegs sicher, dass man als Eigenheimbesitzerin im Alter vermögender sein wird als ein Mieter. Sieht man sich konkrete Zahlen an, so ist sogar eher das Gegenteil der Fall. Laut Berechnungen schnitten Mieter und Mieterinnen in den letzten fünfzig Jahren in Deutschland besser ab als Eigenheimbesitzende.

Grundsätzlich existieren relativ wenige öffentlich zugängliche Daten über Immobilienrenditen. Das liegt daran, dass Erhebung und Analyse dieser Daten viel schwieriger ist als bei Aktien oder ETFs. Zum anderen würden Immobilien dadurch womöglich nicht mehr so attraktiv für Käuferinnen und Käufer erscheinen.

Hier ein paar Zahlen aus Kommers Buch:

- Die Rendite von deutschen Wohnimmobilien betrug von 1970 bis 2021 inflationsbereinigt ganze 0,6 Prozent pro Jahr. Fakt ist: Die durchschnittliche Wertsteigerung von Immobilien ist geringer, als die meisten denken, und liegt womöglich bei 1 bis 2 Prozent pro Jahr.
- Die Transaktionskosten bei Immobilien sind extrem hoch, etwa 10- bis 20-mal höher als bei Investitionen an der Börse. Instandhaltungs- und laufende Nebenkosten werden unterschätzt.
- Aktien galten in der Vergangenheit als renditestärkste Anlageklasse. Wohnimmobilien, langfristige Staatsanleihen sowie Gold und andere Rohstoffe schnitten deutlich schlechter ab.

Fazit: Auch ohne Eigenheim kannst du Vermögen aufbauen. Hinterfrage also, ob du wirklich eine Immobilie kaufen möchtest oder ob Mieten nicht mehr Vorteile für dich bringt. Im Endeffekt handelt es sich um eine sehr persönliche Entscheidung, bei der auch emotionale Faktoren berücksichtigt werden sollten.

**Auch ohne Eigenheim lässt sich Vermögen aufbauen**

## Grundlagen des Investierens in Immobilien

Wie bei Aktien gilt auch bei Immobilien: Es kommt auf den Einstiegszeitpunkt, deinen Einkaufspreis, die Rendite und den richtigen Ausstiegszeitpunkt an. Immobilien können eine hochinteressante Kapitalanlage sein, um sich ein Vermögen aufzubauen. Wir können dir im Rahmen dieses Buches nur ein paar Grundlagen vermitteln. Das Thema ist ausgesprochen komplex. Wenn du tiefer einsteigen möchtest, dann haben wir hier direkt einen Buchtipp für dich: »Immobilien als Kapitalanlage clever finanzieren«[36] von Daniela Landgraf.

Das besonders Interessante an einem Immobilieninvestment ist, dass du die Immobilie nicht aus eigener Tasche finanzieren musst, sondern dafür einen Kredit aufnehmen kannst. Besonders ertragreich wird das Ganze, wenn du weniger im Monat für den Kredit ausgeben musst, als du an Mieteinnahmen bekommst.

Wir steigen direkt mit einem Beispiel ein. Anhand von Beispielen lässt sich vieles anschaulicher erläutern.

Beispiel: *Du möchtest eine vermietete Wohnung kaufen. Diese Wohnung soll 200.000 Euro kosten. Es kommen noch diverse Nebenkosten hinzu. Dazu gehören die Grunderwerbsteuer, Notar- und Gerichtskosten und eventuell die Kosten für einen Makler.*

*Die Höhe der Grunderwerbsteuer ist abhängig vom Bundesland. So zahlst du aktuell (Stand Herbst 2022) in Bayern nur 3,5 Prozent Grunderwerbsteuer, während du beispielsweise in Schleswig-Holstein 6,5 Prozent berappen musst.*

*Nehmen wir bei unserer Beispielimmobilie das Bundesland Niedersachsen. Hier zahlst du 5 Prozent Grunderwerbsteuer. Zu den 200.000 Euro kommen also 5 Prozent Grunderwerbsteuer hinzu, also 10.000 Euro.*

Weiterhin zahlst du Notar- und Gerichtskosten. Wenn du mit 2 Prozent vom Kaufpreis kalkulierst, bist du auf der sicheren Seite. Die Notar- und Gerichtskosten beinhalten die Kosten für den Notartermin und die Eintragungen im Grundbuch. Die genaue Höhe der Kosten hängt unter anderem davon ab, wie hoch deine Finanzierungssumme ist, da die Bank sich im Grundbuch mit einer sogenannten Grundschuld absichert. Wenn du also beispielsweise den Kaufpreis, also die 200.000 Euro, mit einem Kredit finanzierst, dann steht in deinem Grundbuch diese Summe als Grundschuld drin. Solltest du nicht mehr in der Lage sein, deinen Kredit zurückzuzahlen, kann die Bank mit dieser Grundschuld den Zwangsverkauf deiner Immobilie bewirken. Doch zurück zum Kauf. Es kommen also zu den 10.000 Euro Grunderwerbsteuer noch 4000 Euro Notar- und Gerichtskosten hinzu.

Als dritte Position hast du eventuell Maklerkosten. Diese belaufen sich je nach Bundesland und je nach Makler auf 3 Prozent bis 6 Prozent zuzüglich Mehrwertsteuer. Für unsere Beispielrechnung nehmen wir 3 Prozent zzgl. Mehrwertsteuer. Die Mehrwertsteuer (19 Prozent) wird auf die 3 Prozent gerechnet, sodass du auf insgesamt 3,57 Prozent kommst (Rechenweg: 3 × 1,19 = 3,57). Bezogen auf die 200.000 Euro sind das noch einmal Kosten in Höhe von 7140 Euro.

> Insgesamt zahlst du für den Kauf dieser Wohnung somit:
> 200.000  Euro Kaufpreis
>   10.000  Euro Grunderwerbsteuer
>    4000  Euro Notar- und Gerichtskosten
>    7140  Euro Maklerkosten
> **221.140 Euro Gesamtinvestition**

Es gibt nur sehr wenige Kreditinstitute, die dir diesen Gesamtbetrag als Darlehen genehmigen würden. Bei den meisten Kreditinstituten kannst du maximal den Kaufpreis finanzieren. Oft genehmigen Banken auch nur 80 Prozent oder 90 Prozent vom Kaufpreis. Wenn du die 21.140 Euro Nebenkosten mitfinanzieren musst, dann wird dieser Betrag häufig über sogenannte Ratenkredite dargestellt, die meist sehr teuer sind. So ein Immobilieninvestment lohnt sich so manches Mal trotzdem. Es kommt auf das Gesamtpaket an. Drei grundlegende Fragen, die du dir hierzu stellen kannst, sind:

- Wenn du die Wohnung zur Selbstnutzung kaufst, wie hoch ist die Finanzierungsrate im Vergleich zu deiner jetzigen Wohnung? Mach dir stets bewusst: Eine Wohnung bzw. ein Haus bezahlst du ohnehin in deinem Leben, entweder dein eigenes oder das deines Vermieters. Wenn du allerdings eine sehr günstige Miete hast, gibt es auch viele andere Finanzstrategien, um ein kleines oder größeres Vermögen aufzubauen.
- Welche Sanierungsmaßnahmen könnten in den nächsten Jahren auf dich zukommen? Wie sieht es beispielsweise mit dem Dach, der Heizung oder sonstigen Dingen aus? Wie könntest du so eine Sanierungs- oder Reparaturmaßnahme finanzieren?
- Wenn du eine Immobilie zur Vermietung kaufst, wie hoch ist die zu erwartende Kaltmiete? Reicht die Mieteinnahme aus, um alle Kosten, also Finanzierungskosten und sonstige laufende Kosten, der Immobilie zu decken? Wenn nicht, wie hoch ist das Potenzial einer eventuellen Wertsteigerung der Immobilie?

Damit kommen wir direkt zur ersten wichtigen Entscheidung: Möchtest du eine Immobilie für dich selbst oder zur Vermietung kaufen?

## Selbstnutzung oder Vermietung?

Von Selbstnutzung sprechen wir, wenn du in deine Immobilie selbst einziehst. Es ist durchaus ein schönes Gefühl, in seiner eigenen Wohnung zu leben. Ob es jedoch aus Renditegesichtspunkten sinnvoll ist, kann nur im Einzelfall entschieden werden, da es auf so viele unterschiedliche Faktoren ankommt. Natürlich ist es toll, wenn du mit jeder Rate ein kleines bisschen deiner Immobilie bezahlst und du irgendwann vielleicht mal schuldenfrei darin wohnen kannst. Vielleicht steigt deine Immobilie, zum Beispiel eine Wohnung, auch so sehr im Wert, dass du sie nach ein paar Jahren für sehr viel mehr Geld verkaufen kannst. Dann hast du in der Zwischenzeit nicht nur deine Miete gespart, sondern gleichzeitig auch Kapital aufgebaut, wenn du die Wohnung verkaufst. Das wäre der Optimalfall und funktioniert auch oft sehr gut. Doch es kann natürlich auch sein, dass du zwischendurch hohe Kosten für Reparaturmaßnahmen zu zahlen hast oder dass der Wert deiner Immobilie eben nicht in dem Maße steigt, wie du es dir erhoffst. Der Markt verändert sich immer mal wieder und hängt natürlich davon ab, wie hoch das Zinsniveau ist. Als wir ein Zinsniveau von 1 Prozent hatten, da haben natürlich sehr viele Menschen gesucht und entsprechend knapp war das Angebot an guten Immobilien. Die Preise sind massiv gestiegen. Je höher das Zinsniveau ist, desto weniger Käufer gibt es am Markt. Das hat zum einen den Grund, dass sich weniger Menschen die Finanzierung leisten können, und zum anderen, dass Investoren andere, in einem solchen Fall rentablere Kapitalanlagen bevorzugen. Damit du das besser nachvollziehen kannst, hier ein Zahlenbeispiel und gleichzeitig die Überleitung zum Thema Vermietung:

**Beispiel:** *Kaufpreis der Immobilie: 300.000 Euro. Hinzu kommen die Kaufnebenkosten für Grunderwerbsteuer, Notar- und Gerichtskosten und Makler. Der Vereinfachung halber werden diese hier insgesamt mit 12 Prozent, also insgesamt 36.000 Euro angesetzt (z. B. 5 Prozent Grunderwerbsteuer, 2 Prozent Notar- und Gerichtskosten, 5 Prozent Maklerkosten).*

*Von diesen insgesamt 336.000 Euro sollen 300.000 Euro, also der Kaufpreis, finanziert werden. Der Rest wird aus Eigengeld bezahlt. Mal angenommen, das Darlehen soll nach 30 Jahren komplett bezahlt sein, dann würdest du folgende Raten bezahlen (kaufmännisch gerundet):*

| Finanzierungssumme | Zinssatz | Rate inkl. Tilgung |
|---|---|---|
| 300.000 | 1 % | 965 Euro |
| 300.000 | 2 % | 1109 Euro |
| 300.000 | 3 % | 1265 Euro |
| 300.000 | 4 % | 1432 Euro |
| 300.000 | 5 % | 1610 Euro |

Um das Ganze noch weiter zu verdeutlichen: Anfang 2022 konntest du durchaus noch Kredite mit 1 Prozent Zinsen bekommen. Die Finanzierung von 300.000 Euro hätte dich monatlich 965 Euro gekostet, wenn du dein Darlehen innerhalb von 30 Jahren zurückbezahlen möchtest. Nur wenige Monate später, im Sommer 2022, musstest du für die gleiche Summe 3 bis 4 Prozent Zinsen bezahlen. Bei 3 Prozent Zinsen hättest du eine Rate von 1265 Euro. Du musst also bei 3 Prozent Zinsen ganze 300 Euro mehr monatlich berappen als bei einem Zins von 1 Prozent. Noch dramatischer ist es, wenn du dir die Zahl bei 4 Prozent Zinsen anschaust. Die Differenz liegt hier bei fast 500 Euro.

Diese Tabelle macht sehr deutlich, warum bei einem Zinsniveau von 3 oder mehr Prozent wesentlich weniger Leute Immobilien kaufen als bei 1 Prozent. Das wiederum wirkt sich auf die Kaufpreise aus.

Wenn du eine Immobilie zur Vermietung kaufst, dann hast du dagegen natürlich die Mieteinnahmen stehen. Optimalerweise decken die Mieteinnahmen die Zinskosten.

Beispiel: *Mal angenommen, diese Immobilie für 300.000 Euro soll vermietet werden oder du kaufst sie direkt schon als vermietete Immobilie. Und deine Bank gibt dir einen Zinssatz von 3 Prozent. Dann hättest du reine Zinskosten von 750 Euro im Monat. Hinzu kommt die Tilgung (= Rückzahlung). Wie hoch die Rate ist, wenn du das Darlehen in 30 Jahren zurückbezahlt haben möchtest, kannst du der Tabelle oben entnehmen. Wenn du eine Immobilie vermietest, kannst du dir natürlich auch länger Zeit lassen (je nach Alter, denn im Rentenalter sollte die Immobilie abbezahlt sein).*

*Wenn du von deiner Bank einen Zinssatz von 3 Prozent angeboten bekommst und 1 Prozent Tilgung vereinbarst, dann hättest du insgesamt eine sogenannte Annuität (Zins und Tilgung) von 4 Prozent. Die monatliche Rate läge dann bei 1000 Euro. Die gesamte Laufzeit bis zur vollständigen Rückzahlung des Darlehens wäre dann rund 46 Jahre.*

Du merkst schon anhand dieses Zahlenbeispiels, dass eine Immobilieninvestition zwar eine super Chance ist, aber gut überlegt sein muss. Nicht immer ist es selbstverständlich, dass sie wirklich rentabel ist. Die Miete sollte mindestens die Zinskosten, in diesem Fall die 750 Euro, decken. Doch bekommst du eine entsprechende Immobilie für 300.000 Euro am Markt? Und was setzt du kalkulatorisch für laufende Kosten (Instandhaltung, Verwaltung, Versicherungen etc.) an? Hier werden 20 Prozent empfohlen. Wenn du also eine bestimmte Kaltmiete bekommst, zum Beispiel 900 Euro, dann solltest du von diesen 900 Euro 20 Prozent (also 180 Euro) für Rücklagen und als Sicherheitspuffer kalkulieren.

Was spricht dennoch für eine vermietete Immobilie?

1. Die Immobilie könnte im Wert steigen.
2. Du kannst diverse Kosten, unter anderem deine Zinskosten, von der Steuer abziehen.
3. Es gibt steuerlich gesehen die sogenannte AfA (Absetzung für Abnutzung), ein weiteres »Steuergeschenk«.
4. Du hast eine inflationssichere Anlage.

Wenn du dich für eine vermietete Immobilie interessierst, lass dich auf jeden Fall auch steuerlich beraten. In dem erwähnten Buch von Daniela Landgraf findest du hierzu zahlreiche ausführliche Erläuterungen.

An dieser Stelle möchten wir einen kleinen Exkurs zum Thema Steuern machen, und zwar zu Steuern beim Verkauf deiner Immobilie. Zu allen anderen Steuerthemen gibt es unten ein Extrakapitel.

In Deutschland wird bei der Versteuerung unterschieden, ob du die Immobilie selbst bewohnt hast oder ob sie vermietet wurde.

**Ob selbst bewohnt oder vermietet, macht steuerlich einen Unterschied**

Bei vermieteten Immobilien gilt eine Zehnjahresfrist. Wenn du deine vermietete Immobilie innerhalb von zehn Jahren ab Kauf wieder veräußerst, musst du den Gewinn versteuern. Der Gewinn ist die Differenz zwischen Einkaufs- und Verkaufspreis. Solltest du beispielsweise im Jahr 2018 eine vermietete Immobilie für 250.000 Euro gekauft haben und diese 2023 für 350.000 wieder verkaufen, müsstest du 100.000 Euro mit deinem individuellen Einkommensteuersatz versteuern. Mal angenommen, du hast einen individuellen Steuersatz von 30 Prozent, dann müsstest du 30.000 Euro an das Finanzamt überweisen. Wenn du jedoch nur einen individuellen Steuersatz von 15 Prozent hättest, wären es entsprechend nur 15.000 Euro. Dein individueller Steuersatz hängt von der Höhe deiner jährlichen Einnahmen ab. Hier gibt es einen Unterschied zu anderen Anlageformen. Bei Aktien, festverzinslichen Wertpapieren und anderen Anlageformen gilt die sogenannte Abgeltungssteuer. Das ist eine pauschale Steuer von 25 Prozent auf den Gewinn, unabhängig von deinem individuellen Einkommensteuersatz. Ob das für dich positiv oder negativ ist, hängt natürlich davon ab, wie hoch dein individueller Einkommensteuersatz ist.

Wenn du eine vermietete Immobilie nach Ablauf von zehn Jahren verkaufst, dann kannst du den kompletten Gewinn steuerfrei behalten. Das ist ein Riesenvorteil gegenüber allen anderen Kapitalanlagen, bei denen du die oben angegebene Abgeltungssteuer auf den Gewinn in Höhe von 25 Prozent zahlen musst.

Wenn du eine Immobilie für die Selbstnutzung kaufst und die ganze Zeit ausschließlich selbst darin gewohnt (also niemals vermietet) hast, dann kannst du sie steuerfrei verkaufen. Im obigen Beispiel könntest du also die 100.000 Euro Gewinn komplett für dich behalten.

Vielleicht hast du jetzt die Idee, dass du eine Immobilie erst vermieten und kurz vor dem Verkauf selbst bewohnen könntest, um so die Steuern zu sparen. Schlauer Gedanke, aber in der Praxis hat das Finanzamt hier einen Riegel vorgeschoben. Schauen wir uns dazu die Gesetzgebung an:

Im Gesetzestext heißt es sinngemäß: Nach § 23 Abs. 1 Nr. 1 Satz 3 EStG (Einkommenssteuergesetz) kannst du eine Immobilie in zwei Fällen innerhalb der ersten zehn Jahre nach der Anschaffung steuerfrei verkaufen. Nach Ablauf von zehn Jahren ab Anschaffung ist der Gewinn immer steuerfrei.

Fall 1: Du hast die Immobilie während der gesamten Zeit zu eigenen Wohnzwecken genutzt. Sie wurde also niemals vermietet.

Fall 2 ist etwas komplizierter: Die Immobilie muss im Jahr der Veräußerung und in den beiden vorangegangenen Jahren ununterbrochen zu eigenen Wohnzwecken genutzt worden sein. Übersetzt heißt das, dass du beispielsweise in den Jahren 2021, 2022 und 2023 in dieser Immobilie selbst gewohnt haben musst, um sie 2023 steuerfrei zu veräußern. In welchem Monat du 2021 eingezogen bist und wann du 2023 verkaufst, ist dabei unerheblich. So genügt es, wenn du die Wohnung ununterbrochen zwischen Dezember 2021 und Januar 2023 selbst bewohnt hast. In der Praxis kannst du einfach die Frage stellen, ob du in der Wohnung an den vergangenen zwei Silvestern gewohnt hast.

Wenn du dich gerade das erste Mal mit diesem Thema beschäftigst, bist du eventuell schockiert über die langen Laufzeiten und stellst dir die Frage, ob du dich überhaupt so lange binden möchtest. Das ist eine berechtigte Frage. Und die Antwort hängt von vielen Faktoren ab. Auch in diesem Fall sollten wir zwischen Selbstnutzung und Vermietung unterscheiden.

Wenn du eine Immobilie zur Selbstnutzung kaufst, dann stelle dir bitte die realistische Frage, wie lange du voraussichtlich darin wohnen wirst und wie gut sie sich entweder vermieten oder wieder verkaufen lässt. Wenn sich eine Wohnung voraussichtlich gut vermieten oder verkaufen lässt, dann bleibst du recht flexibel, auch wenn sich deine Lebenssituation einmal ändern sollte.

Eine vermietete Immobilie solltest du als langfristiges Investment sehen. Kredite für Immobilien sind keine Darlehen im Sinne von Konsumschulden, sondern eine Möglichkeit, zu investieren. Du kannst die Zinsen für ein Darlehen bei einer vermieteten Immobilie als Kosten in deiner Steuererklärung angeben und bekommst somit einen Teil der Finanzierungskosten über die Steuererstattung zurück. Du beteiligst also das Finanzamt und deine Mieterin oder deinen Mieter daran, dass du dir langfristig Kapital aufbaust. Immobilien sind eine gute Wertanlage, vor allem bei hohen Inflationsraten.

Inflation bedeutet vereinfacht Geldentwertung. Eine Inflationsspirale fängt mit steigenden Preisen an. Wenn die Preise massiv in die Höhe gehen, werden irgendwann (fast schon zwangsläufig) die Gehälter angepasst. Durch die gestiegenen Produktionskosten (zum Beispiel durch teurere Rohstoffe, aber auch dadurch, dass höhere Löhne und Gehälter gezahlt werden müssen) steigen die Preise noch weiter an.

Du kannst selbst einmal darüber nachdenken, was du beispielsweise in deiner Kindheit für bestimmte Dinge bezahlt hast und was es heute kostet. So kann sich Daniela noch gut daran erinnern, dass es in ihrer Kindheit ein Drama war, als die Kugel Eis plötzlich nicht mehr 30 Pfennig, sondern 50 Pfennig kosten sollte. Eine Portion Pommes gab es zu dieser Zeit für 1,50 DM.

Bezogen auf dein angespartes Kapital heißt das: Wenn du heute 10.000 Euro auf deinem Konto hast, kannst du dir in etwa ausrechnen, was du dafür alles kaufen könntest. In fünf oder zehn Jahren kannst du voraussichtlich sehr viel weniger für dieses Geld kaufen. Zinserträge gleichen diesen Verlust oft nicht aus.

Wenn du hingegen in einen Sachwert, wie zum Beispiel in eine Immobilie (oder auch Aktien und Edelmetalle), investierst, dann bleibt der reale Wert erhalten, weil die Preise für Immobilien etc. mitsteigen. Doch nicht nur das. Auch eine Miete kannst du in bestimmten Abständen und nach bestimmten Vorgaben regelmäßig erhöhen und erhältst somit auch über die steigenden Mieten einen Inflationsausgleich. Als Mieter/-in hingegen musst du irgendwann diese höheren Mieten selbst bezahlen.

Unser Tipp: Lass dich unbedingt ausführlich beraten, damit du für dich die richtige Entscheidung treffen kannst. Was für wen richtig ist, kann jede Person nur für sich selbst entscheiden. Wir beiden Autorinnen haben übrigens hierzu auch sehr unterschiedliche Meinungen. Während Valentina kein Fan von Immobilieninvestments ist, sagt Daniela, dass Immobilien eine großartige Kapitalanlage sind, und das, obwohl sie auch schon sehr schlechte Erfahrungen gemacht hat (aber eben auch sehr gute). Doch dazu später mehr.

Vorher schauen wir uns an, wie du überhaupt eine gute Immobilie findest und worauf du achten solltest.

## Wie findest du eine gute Immobilie?

Auch bei diesem Thema gilt, dass wir dir nur ein paar Grundinformationen geben können, da es ansonsten den Rahmen dieses Buches sprengen und schon sehr ans Eingemachte gehen würde. Wenn du Fachleute befragst, werden sie dir mit einem Augenzwinkern sagen, dass es vor allem auf drei wichtige Dinge ankommt: 1. Lage, 2. Lage, 3. Lage!

**Entscheidend: Lage, Lage, Lage**

Eine schlechte Immobilie in einer Toplage bekommst du immer wieder verkauft oder vermietet. Wenn du jedoch eine Topimmobilie in einer schlechten Lage hast, dann kann es komplizierter werden. Frag dich selbst, was du bevorzugen würdest: Die Topwohnung direkt an der Autobahn oder im lauten Industriegebiet, vielleicht weitab von den nächsten Einkaufs- und Freizeitmöglichkeiten? Oder doch lieber die etwas heruntergekommene Wohnung in einem superangesagten Stadtteil oder in einer wunderschönen Gegend?

Doch neben der Lage gibt es noch weitere Punkte, die du hinterfragen bzw. auf die du achten solltest:

- Wie viel Geld wirst du voraussichtlich in den nächsten Jahren für Sanierungs- und Modernisierungsmaßnahmen in die Hand nehmen müssen? Kannst du dies aus eigener Tasche finanzieren oder musst du dafür ein weiteres Darlehen aufnehmen?
- Bei Vermietung: Wie hoch sind deine Zinskosten im Verhältnis zu den voraussichtlichen Mieteinnahmen?
- Bei Eigennutzung: Was passiert mit der Wohnung, wenn sich deine Lebenssituation ändert? Wie gut kann die Wohnung vermietet oder verkauft werden? Was passiert mit deinem Darlehen, wenn du vorzeitig verkaufst (je nach Zinssituation musst du hier mit hohen Vorfälligkeitsgebühren bei vorzeitiger Darlehenskündigung rechnen).
- Wie sind deine beruflichen und privaten Pläne? Ist das Darlehen auch noch finanzierbar, wenn du dich beruflich veränderst? Was ist, wenn du dich zum Beispiel selbstständig machst und zunächst geringere Einnahmen hast? Oder wie gut ist das Darlehen finanzierbar, wenn du beispielsweise in Elternzeit gehst?
- Wie steht es mit deiner Absicherung, wenn du berufsunfähig oder erwerbsunfähig wirst?

Kommen wir nun zur Frage, wie du überhaupt eine passende Immobilie, zum Beispiel eine Wohnung, findest.

Der klassische Weg geht über das Internet. Es gibt viele Portale, in denen Immobilien angeboten werden. Doch bevor du dich aktiv auf die Suche machst, solltest du dir von einem Berater einen möglichen finanziellen Rahmen berechnen lassen, damit du weißt, in welcher Preiskategorie du suchen kannst.

Danach gilt es, Entscheidungen darüber zu treffen, in welcher Region, in welcher Lage, in welcher Größe etc. Immobilien für dich infrage kommen und ob du selbst einziehen oder vermieten möchtest. In den Portalen kannst du auch speziell nach vermieteten oder freien Immobilien suchen. Welche Ausstattung sollte die Wohnung haben? Eine Wohnung mit Balkon oder Terrasse lässt sich beispielsweise leichter vermieten als eine Wohnung ohne. Dachgeschosswohnungen sind zwar oft gemütlich, aber im Sommer sehr heiß.

Wohnungen in sehr großen Anlagen sind vielleicht etwas günstiger als in kleinen Anlagen, aber bei den Eigentümerversammlungen gibt es

Diskussionen mit viel mehr Menschen. Eine Einigung mit beispielsweise 100 Eigentümern über eine Sanierungsmaßnahme zu finden, ist viel komplizierter als mit nur zehn Personen.

Aus Finanzierungssicht gibt es Immobilien, die einfacher zu finanzieren sind als andere. So werden beispielsweise oft Finanzierungen für Einzimmerwohnungen oder für Wohnungen in sehr großen Objekten abgelehnt. Weiterhin werden Finanzierungen oft abgelehnt, wenn ein Grundriss wenig angesagt ist, zum Beispiel eine Wohnung mit gefangenen Räumen. Ein Raum wird als gefangener Raum bezeichnet, wenn man durch ein anderes Zimmer gehen muss, um in diesen Raum zu gelangen. Das finden wir oft noch in Altbauten. Du fragst dich jetzt bestimmt, warum eine Bank sich für den Grundriss einer Wohnung interessiert. Der Banker soll doch nicht darin wohnen. Das ist einfach erläutert: Eine Bank hat immer die Wiederverkäuflichkeit im Blick. Wenn du dein Darlehen nicht mehr bezahlen kannst, hat die Bank das Recht, deine Immobilie zwangszuversteigern. Je besser der Grundriss, die Ausstattung und die Lage sind, desto wahrscheinlicher ist es, dass in der Zwangsversteigerung ein adäquater Verkaufspreis erzielt und damit dein Darlehen zurückgezahlt werden kann.

Apropos Darlehen. Lass uns im nächsten Schritt einmal anschauen, bei wem du dir überhaupt Angebote für eine Immobilienfinanzierung einholen kannst.


## Woher bekommst du ein Finanzierungsangebot?

Um erst einmal einen groben Überblick zu bekommen, kannst du zahlreiche Rechner im Netz finden. Du brauchst nur Stichwörter wie Baufinanzierungen, Immobilienfinanzierung oder Kreditberechnung in die Suchleiste deines Browsers einzugeben, dann bekommst du viele Vorschläge. Eine Immobilienfinanzierung jedoch direkt über das Netz abzuschließen, davon möchten wir ganz klar abraten, zumindest wenn du nicht selbst halber Profi bist. Übrigens: Das Wort Baufinanzierung kommt nicht vom Wort »Neubau«, sondern von »Bauwerk«. Deswegen sind Immobilienfinanzierung und Baufinanzierung Synonyme. Warum, das zeigen wir dir anhand von drei Hauptgründen:

**Grund 1:**

Die Berechnung einer Kondition ist komplex. Du bekommst zwar im Netz durchaus Konditionen angezeigt, doch die tatsächliche Kondition hängt von viel mehr Rahmendaten ab, als du im System eingibst. Sowohl deine individuelle Einnahmen- und Ausgabenrechnung, deine individuelle Vermögens- und Verbindlichkeitenbilanz und auch die Lage, die Art und der Zustand des Objekts sind Kriterien für die Höhe des Kreditzinses. Auch wenn du einen bestimmten Kaufpreis für die Wohnung oder das Haus bezahlst, macht der Kreditgeber noch einmal eine eigene Wertberechnung.

**Grund 2:**

Selbst, wenn du über einen Onlineanbieter eine gute Finanzierungslösung angeboten bekommst, hinterfrage genau, inwiefern du Unterstützung bei der Auszahlung des Darlehens erhältst. Auch das kann manchmal etwas komplizierter und an verschiedene Bedingungen geknüpft sein. Weiterhin wirst du mit vielen Begriffen konfrontiert, die du eventuell das erste Mal in deinem Leben hörst, etwa »Grundschuldbestellungsurkunde«, »Sicherungszweckerklärung« oder »dingliche Zwangsvollstreckungsunterwerfungserklärung mit persönlicher Haftungsübernahme«.

**Grund 3:**

Ein guter Berater / eine gute Beraterin zeigt dir optimalerweise Möglichkeiten zur Zinsreduzierung auf, die du über Onlineportale so kaum bekommen kannst (beispielsweise die Einbindung von regionalen Förderprogrammen). Weiterhin kannst du mit einem Berater oder einer Beraterin über deine individuellen Wünsche und Ziele sowie über deine persönliche Situation sprechen, auch auf die Zukunft bezogen (Beruf, Familie etc.).

## Wie findest du einen guten Berater oder eine gute Beraterin?

Zunächst einmal das Wichtigste zum Thema Beratung: Gerade bei der Immobilienfinanzierung gilt, dass fachliche Kompetenz und das menschliche Verständnis für dich, deine Wünsche und deine Ziele wichtiger sind als die allerbeste Kondition. Natürlich kann sich eine etwas teurere Kondition auf die Laufzeit von 10, 20 oder noch mehr Jahren gesehen mit mehreren

Hundert bis Tausend Euro bemerkbar machen. Doch nicht immer ist die günstigste Finanzierung auch die beste für dich. Hinterfrage genau, inwiefern dich die Person, die dich berät, auch in der Auszahlungsphase und danach begleiten kann. Die Auszahlungsphase ist teilweise nicht ganz unkompliziert, da oft bestimmte Voraussetzungen erfüllt sein müssen. Was bringt dir ein genehmigter Kreditvertrag, wenn es in der Auszahlungsphase massive Probleme gibt? Damit du etwas mehr Verständnis dafür bekommst, was wir meinen, hier ein kleines Beispiel:

## Kompetenz schlägt Kondition

*Beispiel: Lisa hat eine Eigentumswohnung in einem Neubauprojekt gekauft. Sie benötigt inklusive aller Nebenkosten 265.000 Euro. Hierfür hat sie ein sogenanntes KfW-Darlehen (= Förderdarlehen) über 50.000 Euro abgeschlossen und ein Darlehen über eine Direktbank in Höhe von 200.000 Euro. Die restlichen 15.000 Euro kommen aus einem Sparvertrag, der am 01.09. fällig wird. Die erste Rate der Wohnung soll am 15.07. und die zweite Rate des Darlehens am 15.08. ausgezahlt werden. Beides wurde im Vorfeld mit dem Kreditgeber besprochen.*

*Am 15.07. bekommt sie die Aufforderung, 50.000 Euro zu zahlen. Sie fragt bei der Förderbank an. Dort bekommt sie die Antwort, dass zunächst die Bank, die den Rest finanzieren soll, auszahlen muss, bevor sie den Förderkredit ausgezahlt bekommt. Daraufhin fragt sie bei der Direktbank an. Hier bekommt sie die Auskunft, dass sie zwingend zuerst ihr Eigengeld hierfür nutzen muss und nur der Differenzbetrag von 35.000 Euro ausgezahlt werden kann (und auch nur, wenn die 15.000 Euro schon geflossen sind). An dieses Geld kommt sie jedoch erst am 01.09. heran.*

*Das ist eine nicht ganz untypische Pattsituation. An solchen Konstellationen kann der ganze Kaufvertrag kostenpflichtig scheitern, vor allem, wenn Lisa keine Chance hat, sich die 15.000 Euro auf anderem Wege als Zwischenfinanzierung zu organisieren. Wenn sie ihren Zahlungsverpflichtungen aus dem notariellen Kaufvertrag für die Wohnung nicht nachkommt, kann das viele Tausende Euro Schadenszahlung bedeuten.*

Deswegen solltest du eine kompetente Person zur Beratung an deiner Seite haben. Doch noch aus einem anderen Aspekt heraus ist beim Thema Finanzierung die Beratungskompetenz wichtiger als die allerbeste Topkondition (im besten Fall hast du natürlich beides zusammen). Du bindest dich meist mindestens zehn Jahre, manchmal sogar noch länger. Während einer so langen Laufzeit kann viel passieren. Bei wem findest du Unterstützung, wenn sich nach einigen Jahren etwas verändert und der Vertrag angepasst werden muss oder du eventuell sogar in Zahlungsschwierigkeiten gerätst?

Gerade deswegen raten wir dir aus tiefstem Herzen: Augen auf bei der Wahl der Beraterin oder des Beraters! Gibt es zum Beispiel Bewertungen über deinen Berater / deine Beraterin im Internet? Mit welchen Kreditinstituten arbeitet die Person zusammen? Ist sie bankenunabhängig oder hat sie vor allem einen einzigen Kreditgeber an der Hand? Wie gut fühlst du dich aufgehoben? Bekommst du gleich ein standardisiertes Angebot oder hinterfragt die Person, die dich berät, genau deine Wünsche und Ziele? Legt die beratende Person ihre Provisionen offen? Bietet sie auch Förderdarlehen, zum Beispiel von der KfW, an? Seit wann ist sie in der Kreditberatung tätig?

Weiterhin solltest du dir vor dem Gespräch mit dem Berater / der Beraterin selbst folgende Fragen beantworten:

- Wie hoch ist deine monatliche Wunschrate? Was möchtest oder kannst du maximal monatlich als Kreditrate ausgeben?
- Bis wann möchtest du das Darlehen im optimalen Fall und realistisch zurückgezahlt haben?
- Möchtest du zwischendurch Sonderzahlungen leisten?
- Wie wichtig ist dir die Möglichkeit, im Fall der Fälle deine Rate verändern zu können (das bieten nicht alle Kreditinstitute an und es ist meist mit einem etwas höherem Zinssatz verbunden)?
- Wie sieht deine persönliche und berufliche Lebensplanung aus?
- Wie können eventuell anfallende Sanierungs- oder Modernisierungsmaßnahmen bezahlt werden?
- Wie sicher sind deine regelmäßigen Einkünfte (über eventuelle Mieteinkünfte aus der zu erwerbenden Immobilie hinaus)?

Das sind alles Fragen, die dir ein guter Berater / eine gute Beraterin auch stellen wird.

Damit du nicht ganz ahnungslos ins Gespräch gehst, hier ein paar Grundlagen zum Thema Ratenberechnung.

## Grundlagen zur Ratenberechnung

Dieses Kapitel soll dir einen kurzen Einblick gewähren. Im Immobilienbereich sprechen wir von Zinsen und Tilgung. Zinsen sind das, was du an die Bank bezahlst, die Tilgung ist die Rückzahlung. Mit jeder Rate zahlst du also ein kleines bisschen vom Kredit zurück. An dieser Stelle wollen wir nicht weiter ins Thema Finanzmathematik und in die Unterscheidung zwischen einem Annuitätendarlehen und einem Darlehen gegen Tilgungsaussetzung einsteigen. Hierzu findest du ausführliche Erläuterungen im oben genannten Buch von Daniela. Dieses Kapitel soll dir nur ein Gespür dafür geben, wie du mit einfachen Berechnungen einen Näherungswert für Darlehensrückzahlungen bekommst.

Beispiel: *Du möchtest 200.000 Euro aufnehmen und das Darlehen in 30 Jahren zurückzahlen. Bei 3 Prozent Zinsen würdest du hierfür rund 843 Euro bezahlen. Der anfängliche Tilgungssatz läge in diesem Fall bei 2,06 Prozent. Du würdest also eine Annuität von rund 5 Prozent haben (Annuität = Zinssatz und Tilgungssatz).*

Du findest im Netz viele Möglichkeiten, so etwas selbst zu berechnen, wenn du »Tilgungsrechner« in die Suchleiste deines Browsers eingibst. Doch es gibt noch eine Schnellberechnungsmöglichkeit für dich, mit einem einfachen Taschenrechner.

Beispiel Fortsetzung: *Wenn du einen Kredit von 200.000 Euro aufnimmst und diesen in 30 Jahren zurückgezahlt haben möchtest, dann kannst du einfach ausrechnen, wie es aussehen würde, wenn du das jeden Monat mit einer gleichbleibenden Rückzahlungsrate machen würdest. Du teilst also 200.000 Euro durch die Anzahl der Jahre und Monate (30 Jahre mal 12 Monate = 360 Monate), also 200.000 / 360. Im Ergebnis bekommst du 555,55 Euro an Rate heraus. Das wäre die Rate bei 0 Prozent Zinsen. Also selbst, wenn du keine Zinsen bezahlen müsstest, ist es gänzlich unmöglich, weniger als diese Rate zu bezahlen.*

Wenn du nun doch noch etwas tiefer einsteigen möchtest, dann fragst du dich vielleicht, wie man dann auf die Rate von 843 Euro bei 3 Prozent Zinsen kommt, denn 3 Prozent Zinsen sind allein schon 500 Euro Zinsen pro Monat. Das liegt an dem sogenannten Tilgungstilgungseffekt. Mit jeder Rate bezahlst du ein kleines bisschen von deinem Darlehen zurück und hast somit mit jeder Rate einen geringeren Zinsbetrag zu zahlen. Da jedoch deine Rate nicht nach unten sinkt, erhöht sich der Tilgungsanteil (= Rückzahlungsanteil).

**Beispiel:** *Auf Jahresbasis sieht das sogenannte Annuitätendarlehen dann beispielsweise so aus:*

*Rahmendaten:*
*Darlehensaufnahme: 100.000 Euro*
*Zinsen: 3 Prozent*
*Anfänglicher Tilgungssatz: 2 Prozent*
*Daraus ergibt sich eine Gesamtannuität (= jährliche Rate) von 5 Prozent (3 Prozent Zinsen plus 2 Prozent Tilgung).*
*Um die zu zahlende Monatsrate zu erhalten, musst du die Jahresrate einfach nur durch 12 teilen. Alle Zahlen sind Eurowerte.*

| Darlehens- stand zu Beginn des Jahres | Jahresrate gesamt | in der Rate enthaltener Zinsanteil | in der Rate enthaltener Tilgungs- anteil | Restschuld am Ende des Jahres |
|---|---|---|---|---|
| 100.000 | 5000 | 3000 | 2000 | 98.000 |
| 98.000 | 5000 | 2940 | 2060 | 95.940 |
| 95.940 | 5000 | 2878,20 | 2121,80 | 93.818,20 |

*Du siehst, der Zinsanteil sinkt bei einem Annuitätendarlehen von Jahr zu Jahr und der Tilgungsanteil nimmt zu. Am Ende des dritten Jahres hättest du in diesem Beispiel noch eine Restschuld von rund 93.818 Euro.*

Du merkst, das Thema Immobilienfinanzierung ist komplex. Deswegen füllt es auch eigene Bücher. Wir hoffen, dass du dennoch einen guten ersten Eindruck davon bekommen konntest.

Es gibt noch interessante Alternativen zur Direktinvestition in Immobilien. Eine hast du bereits im Kapitel der Investmentfonds kennengelernt, nämlich die Immobilienfonds. Eine andere Alternative sind REITs.

## Eine Alternative zum Investieren in Immobilien: REITs und Immobilienaktien

Wusstest du, dass du über die Börse auch in Immobilien investieren kannst? Das geht zum Beispiel über sogenannte REITs. Diese Abkürzung steht für »Real Estate Investment Trusts« und es handelt sich dabei um eine spezielle Art von Immobilienaktiengesellschaften. Diese Aktiengesellschaften investieren in Immobilien und verwalten diese. Meistens fokussieren sich REITs auf eine bestimmte Branche, wie zum Beispiel Gewerbeimmobilien, Krankenhäuser oder landwirtschaftliche Betriebe.

Ein Vorteil für dich als Aktionär oder Aktionärin ist, dass REITs mindestens 90 Prozent ihrer Gewinne in Form von Dividenden ausschütten müssen. Zudem genießen REITs in Deutschland steuerliche Vorteile. Diese Art der Investition eignet sich also besonders für dich, wenn du einen hohen Wert auf eine gute Ausschüttungsrendite legst. Ein weiterer Pluspunkt ist, dass du über REITs schon mit geringen Beträgen in Immobilien investieren kannst. Anders als bei einem klassischen Immobilieninvestment musst du dadurch keinen Kredit aufnehmen und auch die Einstiegshürden sind wesentlich geringer. Außerdem investieren diese Immobilienaktiengesellschaften ihr Geld in viele verschiedene Immobilien. Es gibt hier also kein Klumpenrisiko wie bei einer einzigen vermieteten Immobilie. Wenn du in REITs investierst, musst du dich auch nicht um die Verwaltung der Immobilien oder Instandhaltungskosten kümmern.

Für wen eignen sich REITs als Investition? Du möchtest am Immobilienmarkt partizipieren, ohne eine eigene Immobilie zu kaufen und einen Kredit aufzunehmen? Auch wenn du großen Wert auf Cashflow legst, bieten sich REITs für dich als Investitionsmöglichkeit an.

# Perspektivenwechsel – lass dir nichts aufquatschen

Wir kommen nun zu einem traurigen Kapitel. Leider gibt es viele Beraterinnen und Berater, sowohl in den Banken und bei Versicherungsgesellschaften als auch bei freien Beratungen, die in allererster Linie ihren eigenen Geldbeutel oder die zu erfüllenden Geschäftszahlen im Sinn haben. Ganz wichtig ist uns zu erwähnen, dass es aber natürlich auch die anderen Beraterinnen gibt, diejenigen, die wirklich dein Wohl in den Vordergrund stellen. Über die haben wir beispielsweise oben beim Immobilieninvestment gesprochen.

Viele Berater und Beraterinnen stehen unter Druck und müssen bestimmte Geschäftszahlen erfüllen, die ihnen von den Gesellschaften und Produktgebern vorgegeben werden. So ist es üblich, dass in Banken, Versicherungsgesellschaften, aber auch in freien Vertrieben eine gewisse Anzahl an bestimmten Produkten verkauft werden muss, um zum Beispiel eine höhere Bonifikation oder mehr Provisionen zu bekommen, manchmal allein deswegen, weil es von der Geschäftsleitung als Vertriebsziel vorgeben wird. Wenn ein Berater beispielsweise eine bestimmte Anzahl an Bausparverträgen, Riester-Verträgen oder sonstigen Verträgen verkaufen muss, um seinen Job zu behalten, sein Einkommen zu verdienen oder eine Bonifikation zu erhalten, dann kann es durchaus sein, dass du ein Produkt angeboten bekommst, das überhaupt nicht zu dir passt, das dir aber mit entsprechenden Worten schmackhaft gemacht wird.

Daniela plaudert hier gerne aus dem Nähkästchen. Sie war selbst 25 Jahre aktiv in der Finanzberatung tätig und hat unzählige Vertriebsmitarbeitende in Banken und Versicherungsgesellschaften geschult. In solchen Schulungen werden Berater/-innen natürlich darauf trainiert, durch die richtigen Fragestellungen den Bedarf von Kunden herauszufinden und kundenorientiert zu beraten. Doch in der Praxis sieht es leider oft so aus, dass es in Richtung des reinen Produktverkaufs geht. Dadurch passiert es sehr oft, dass gerade Berufsanfänger diverse Produkte von Beratern angeboten bekommen, die zwar sinnvoll sein können, es aber nicht immer sind.

Mit diesem Kapitel möchten wir dich auf die Welt der Finanzberatung aus Kundensicht vorbereiten. Drei wichtige Punkte möchten wir dir gleich zu Beginn mitgeben:

1. Lass dir nichts aufquatschen! Du darfst auch »Nein!« sagen.
2. Hinterfrage bei Produkten stets: Brauchst du sie wirklich? Welche Alternativen gibt es? Was ist das Ziel hinter dem Abschluss des Produktes?
3. Denke dran: Es gibt auch die wirklich guten Beraterinnen und Berater, die es tatsächlich gut mit dir meinen. Nicht jeder hat nur seine Zahlen und Provisionen im Sinn.

## Über das Märchen von kostenfreien Finanzdienstleistungen

Finanzberatung kostet Geld. Immer! Spätestens mit dem Abschluss zahlst du. Doch das ist nicht immer sofort ersichtlich. Es gibt viele Berater, die dir erzählen, dass ihre Beratung nichts kostet. Das stimmt auch erst einmal. Allerdings zahlst du spätestens beim Abschluss eines Produktes eine Provision. Nicht direkt, sie ist in den Produktkosten enthalten. Wenn du also beispielsweise 100 Euro monatlich in eine Rentenversicherung investierst, dann sind in diesen 100 Euro anteilige Provisionen enthalten (meist auf fünf Jahre verteilt). Um dir einen Eindruck von der Höhe der Provisionen zu geben, hier ein Zahlenbeispiel.

**Finanzberatung kostet immer Geld**

**Beispiel:** *Du schließt im Alter von 25 Jahren eine Rentenversicherung ab, die mit 65 ausgezahlt werden soll. Du möchtest 100 Euro monatlich einzahlen. Dann wird die Provision eines Vermittlers, einer Bank, einer Gesellschaft häufig wie folgt berechnet: Monatsrate mal 12 mal Laufzeit, in diesem Fall also: 100 × 12 × 40 = 48.000 Euro. Auf diesen Betrag werden je nach Gesellschaft in der Regel 4 oder 5 Prozent an Provision gezahlt. Das sind 1920 Euro bei 4 Prozent bzw. 2400 Euro bei 5 Prozent Provision. Dieses Geld bezahlst du – indirekt.*

Bei allen anderen Produkten ist es ähnlich. Bei Investmentfonds zahlst du häufig Ausgabeaufschläge, bei Bausparverträgen eine Abschlussgebühr und bei Krediten sind die Provisionen im Zinssatz enthalten. Das ist vom Grundsatz her auch nicht schlimm. Die Person, die dich berät, soll ja auch von irgendetwas leben. Doch leider besteht bei einem Provisionssystem die Gefahr, dass Produkte für die Kundschaft nach der Höhe der Provision ausgewählt werden. Wenn also ein freier Berater dir von beispielsweise drei unterschiedlichen Firmen Produkte für deinen Bedarf anbieten kann, könnte es sein, dass er das provisionsträchtigste Produkt wählt. Solange es für dich keine finanziellen oder sonstigen Nachteile mit sich bringt, ist das völlig in Ordnung. Doch das gilt es herauszufinden. Es gibt übrigens in Deutschland auch schon einige Honorarberater und Honorarberaterinnen. Diese bezahlst du nach der tatsächlich erfolgten Beratungsleistung. Da die Beratenden ihr Geld mit Beratung und nicht erst mit Produktabschluss verdienen, können sie natürlich sehr viel neutraler beraten und dir auch Produkte anbieten, die keine Provision auszahlen (wie beispielsweise die meisten ETFs). Doch viele scheuen sich davor, einen Berater oder eine Beraterin auf Honorarbasis zu bezahlen, da es vermeintlich erst einmal teurer ist. Unter dem Strich kann es jedoch die wesentlich kostengünstigere Variante sein.

Provisionszahlungen als solche sind erst einmal nichts Schlechtes. Du zahlst nur, wenn du auch etwas abschließt. Doch die große Frage dabei ist, wie du jemanden in der Beratung findest, dem du vertraust. Und hierbei gilt Ähnliches wie bei den Finanzierungsberatern im Immobiliensektor: Wenn sich jemand wirklich für dich, deine Ziele, deine Wünsche und deine Finanzen interessiert und dir viele Fragen stellt, ist das schon einmal ein gutes Zeichen. Weiterhin sollte ein guter, seriöser Berater dir seine Produktpartner und die Provisionen offenlegen. Das gehört nicht nur zum guten Ton, sondern ist vom Gesetzgeber auch so gewollt. Es gibt eine Provisionsoffenlegungspflicht. Weiterhin vertraue bitte ganz klar auch auf dein Bauchgefühl. Will dir jemand nur irgendwelche Produkte aufquatschen? Oder nimmt die Person sich wirklich Zeit für dich? Versteht sie dich? Nimmt sie Argumente von dir auf? Fragt sie dich nach deinen Zukunftsplänen?

Damit du nicht auf typische Verkaufsmaschen hereinfällst, bekommst du im nächsten Kapitel noch ein paar Tipps von uns.

# Typische Verkaufsmaschen

Daniela kommt, wie du ja schon weißt, aus der Finanzbranche. Sie war 25 Jahre lang aktiv im Vertrieb tätig und hat Hunderte von Finanzberatern und -beraterinnen ausgebildet. Beratende Personen lernen nicht nur das Wissen zum Thema Finanzen, sie lernen vor allem auch Verkaufs- und Beratungstechniken. Eine wirklich gute Beraterin stellt deine persönlichen Interessen in den Vordergrund, nicht ihre eigenen. Und dennoch sind die meisten Beratenden auch als Verkäuferinnen und Verkäufer tätig, die davon leben, dass du bei ihnen etwas abschließt. Solange es in deinem Interesse ist, spricht nichts dagegen. Leider gibt es auch diejenigen, die vor allem ihren eigenen Geldbeutel im Blick haben. Deswegen stellen wir dir hier die typischen Verkaufsmaschen und Tricks vor. Solltest du etwas davon erleben, dann sei auf der Hut. Es muss nicht schlecht sein, aber es könnte sich um reinen Produktverkauf handeln.

### Die »Letzte-Chance-Lüge«

Eine der ganz typischen Verkaufsmaschen, nicht nur in der Finanzbranche, sondern auch in vielen anderen Branchen ist die »Letzte-Chance-Lüge«. Immer wenn dir irgendwer erzählen möchte, dass du dich ganz schnell entscheiden musst, um die besten, tollsten und grandiosesten Angebote zu bekommen, solltest du skeptisch werden. Natürlich klingt es verlockend, wenn du ganz viel Geld für irgendetwas sparen kannst oder genau heute die Möglichkeit hast, die Chance deines Lebens zu ergreifen. Doch hinterfrage bei so etwas genau: Mochtest du es wirklich? Wie viel Geld musst du ausgeben, um einen anderen Betrag zu sparen? Und die wichtigste Frage: Ist es wirklich die letzte Möglichkeit? In der Regel ist es nur ein Verkaufstrick und die nächste Möglichkeit kommt bestimmt. Wenn nicht mit dem angebotenen (Finanz-)Produkt, dann sicher mit einem anderen. Die Welt dreht sich weiter und jeder verpassten Chance folgt eine neue, vielleicht noch viel bessere Möglichkeit.

### Suggestivfragen

Mit einer Suggestivfrage versucht dich dein Gegenüber in eine bestimmte Richtung zu bringen. Der andere legt dir quasi eine Antwort in den Mund.

Solche Fragen fangen häufig mit Floskeln an wie:

- Du bist doch auch der Meinung, dass …
- Du möchtest doch sicherlich auch …
- Willst du nicht auch …

Und im Anschluss wird dir eine Meinung als Frage vorgegeben, so etwas wie: »Du möchtest doch sicherlich auch die besten Konditionen am Markt haben?« oder »Du gehörst doch bestimmt zu den Menschen, die sich keine gute Chance entgehen lassen?« Vielleicht auch: »Du legst doch bestimmt Wert auf gute Beratung mit Topergebnissen, oder?«

Das Ziel im Verkaufsgespräch ist es, dich entweder in eine bestimmte Produktrichtung zu drängen oder dir möglichst viele »Ja« zu entlocken, um damit eine sogenannte Ja-Straße aufzubauen. Lass uns diese Ja-Straße einmal näher anschauen.

### Die Ja-Straße

Verkäuferinnen und Verkäufer werden oft in die Richtung geschult, einem Kunden oder einer Kundin möglichst häufig das Wort »Ja« zu entlocken. Es soll dazu führen, dass das Gegenüber am Ende auch »Ja« zum Abschluss sagt. Ein »Ja« sorgt für positive Stimmung und positive Emotionen. Je häufiger du »Ja« sagst, desto einfacher wird es ein Verkäufer haben, dich am Ende zu einem Abschluss bei ihm zu bringen. Gerade deswegen sollen Verkäuferinnen und Verkäufer die sogenannte Ja-Straße aufbauen.

**Ja-Straßen bereiten das Ja zum Abschluss vor**

### Alternativfragen

Alternativfragen werden in Verkaufsgesprächen sehr gerne genutzt. Indem dir zwei Möglichkeiten vorgegeben werden, wirst du indirekt dazu gezwungen, zu einer der beiden Alternativen »Ja« zu sagen. Wir zeigen dir ein paar Beispiele hierzu.

**Beispiel:** *Ein Verkäufer ruft dich an und möchte mit dir einen Termin vereinbaren, um beispielsweise einen Versicherungscheck zu machen. So ein Versicherungscheck wird gerne angeboten, um mit dir ins Gespräch zu kommen und dir dann weitere Produkte zu verkaufen. Am Telefon sagt*

*dieser Verkäufer dann sinngemäß: »Lassen Sie uns einen Termin verein-*
*baren. Passt es Ihnen besser am Dienstag oder am Freitag?« Alternativ:*
*»Passt es Ihnen grundsätzlich besser vormittags oder nachmittags?« Solche*
*Alternativfragen haben den Nebeneffekt, dass es dir schwer gemacht wird*
*zu sagen: »Mir passt es gar nicht.« Mit Alternativfragen wird sofort unter-*
*stellt, dass du einen Termin haben möchtest und es nur noch um die Frage*
*des »Wann?« geht.*

Alternativfragen sind aber auch in anderen Varianten denkbar, zum Beispiel:

- »Möchten Sie lieber 75 Euro oder 100 Euro monatlich sparen?«
  (Und das, bevor du überhaupt schon zugesagt hast, dass du etwas
  sparen möchtest.)
- »Bevorzugen Sie monatliche oder jährliche Zahlungsweise?« (Auch
  diese Frage impliziert, dass du auf jeden Fall abschließen möchtest, ein »Nein« wird quasi nicht akzeptiert.)

Also Vorsicht bei Alternativfragen. Es könnte ein Drängen in Richtung Abschluss sein.

### Andere Produkte / andere Berater schlecht machen

Das ist die ganz unelegante Art des Verkaufens. Wenn dir ein Berater Alternativen zu deinen bisherigen Angeboten berechnet und dir sagt, warum
er dir die angebotenen Varianten empfiehlt, ist das absolut legitim und
wünschenswert. Sei aber bitte auf der Hut, wenn ein Berater anfängt, einen
anderen Berater und die dazugehörige Beratung schlecht zu machen. Natürlich kann es sein, dass das, was dir zuvor angeboten wurde, so gar nicht
zu dir passt. Doch es ist immer eine Frage, wie es formuliert wird. Sei bitte
skeptisch bei Menschen, die schlecht über andere sprechen und sich selbst
über andere erheben, ohne echte Argumente zu bringen.

### Verkauf über Geldgeschenke

Jetzt fragst du dich wahrscheinlich, was mit Geldgeschenken gemeint ist. Es
gibt verschiedene staatliche Förderungen, also quasi Geldgeschenke, wenn
du bestimmte Produkte abschließt.

Doch auch, wenn du teilweise einige Hundert Euro vom Staat geschenkt bekommen kannst, hinterfrage bitte genau, ob du die Produkte

brauchst. Wir haben dem Thema staatliche Förderungen noch ein ganzes Kapitel gewidmet. Teilweise ist es wirklich interessant, aber es muss auch passen. Und vor allem sollte es zu deinem Geldbeutel passen. Leider wird auch in diesem Fall häufig nur ein reiner Produktverkauf gemacht, so nach dem Motto: »Schließe einen Bausparvertrag, einen Investmentsparvertrag und eine Riester-Rente ab, damit du die Geldgeschenke des Staates in Anspruch nehmen kannst.«

Wenn das Geld übrig ist und die Produkte zu deinen Zielen passen, ist das alles völlig in Ordnung. Wenn du aber beispielsweise in drei Jahren Geld benötigst, um deine erste eigene Wohnung einzurichten oder um ein Jahr ins Ausland zu gehen, dann sind andere Sparprodukte wesentlich sinnvoller.

## Gebrauchsanweisung: Wie tickt dein Banker oder deine Finanzberaterin?

Vielleicht fragst du dich, wofür du überhaupt eine Finanzberaterin oder einen Banker brauchst. Vieles kannst du ja inzwischen online sehr viel günstiger abschließen als über deine Bank, deine Versicherung oder deinen Finanzberater.

Doch in manchen Bereichen solltest du dir eine professionelle Beratung gönnen. So kommt es beispielsweise bei Versicherungen sehr stark auf das Kleingedruckte an. Eine möglichst günstige Versicherung abzuschließen, schont zwar im ersten Moment den Geldbeutel. Doch was bringt dir eine Versicherung, die im Schadensfall nicht zahlt, weil ausgerechnet das, was dir passiert ist, vom Versicherungsschutz ausgeschlossen ist?

Wenn du beispielsweise eine Berufsunfähigkeitsversicherung abschließt für den Fall der Fälle, dass du aus gesundheitlichen Gründen nicht mehr arbeiten kannst, dann sollte diese Versicherung auch entsprechend gute Bedingungen haben. Genauso ist es bei allen anderen Versicherungen. Als Laie kennst du dich in der Regel nicht so gut aus. Selbst vermeintlich simple Versicherungen können Details enthalten, die im Schadensfall wichtig sind. Als Beispiel möchten wir hier die private Haftpflichtversicherung anführen.

Eine Haftpflichtversicherung zahlt dann, wenn du versehentlich anderen Menschen einen materiellen oder gesundheitlichen Schaden zufügst. Jeder sollte unbedingt eine Haftpflichtversicherung haben. Doch nicht jeder hat eine. Nun stell dir einmal vor, dass eine andere Person dich schwer verletzt, vielleicht sogar mit bleibenden Schäden. Oder diese Person macht etwas sehr Teures von dir versehentlich kaputt. Und mal angenommen, diese Person hat weder eine Haftpflichtversicherung noch das Geld, um dir den entstandenen Schaden bzw. Schmerzensgeld etc. zu bezahlen. Was dann?

In solchen Situationen ist es gut, wenn du eine Haftpflichtversicherung mit Ausfallschutz hast. Fachlich korrekt heißt es Forderungsausfalldeckung. Wenn du also eine Haftpflichtversicherung mit Forderungsausfalldeckung hast, dann würde deine eigene Versicherung den Schaden bezahlen, den eigentlich eine andere Person zahlen müsste. Doch Laien wissen häufig nicht einmal, dass es solche Versicherungen gibt.

Auch in anderen Fällen ist es gut, wenn du einen professionellen Berater, eine professionelle Beraterin an deiner Seite hast. Dazu gehört definitiv das Kreditgeschäft. Wenn du eine Immobilie finanzieren oder dich vielleicht sogar selbstständig machen möchtest und hierfür einen Kredit benötigst, kommst du in der Regel nicht um ein Kreditinstitut herum. Beantragen kannst du natürlich vieles auch online. Doch die Genehmigungswahrscheinlichkeit eines Kredits ist oft höher, wenn du direkt mit dem Entscheider spre-

**Sprich im Zweifel mit einem Menschen**

chen kannst oder mit einer Person, die mit einer Entscheiderin zusammenarbeitet. Gerade dann, wenn du dich vielleicht irgendwann selbstständig machen möchtest, ist es hilfreich, eine Bank oder eine gute Finanzberatung an deiner Seite zu haben.

Doch wie ticken Finanzberaterinnen und Banker wirklich? Sie verdienen Geld mit Produktabschlüssen und mit Folgeprovisionen. Du bist also aus Sicht einer Beraterin oder eines Beraters ein guter Kunde / eine gute Kundin, wenn du mehrere Produkte abgeschlossen hast oder der Berater das Gefühl hat, dass du zu einem späteren Zeitpunkt noch weitere Produkte abschließen wirst. Am reinen Kreditgeschäft wird gar nicht so viel Geld verdient.

Als ehemalige Bankerin und Finanzberaterin plaudert Daniela hier ein wenig aus dem Nähkästchen: Um wen wird sich deine Beraterin wohl mehr bemühen? Um jemanden, mit dem sie ein einmaliges Kreditgeschäft macht, oder um einen Kunden, der verschiedene Produkte bei dieser Beraterin bzw. bei dieser Bank abgeschlossen hat. Mit wem wird eine Bank wohl eher konstruktive Gespräche führen, wenn es einmal Zahlungsschwierigkeiten gibt? Mit dem Topkunden, an dem schon viel Geld verdient wurde, oder mit dem Kunden, der lediglich einen Kredit bei einer Bank laufen hat?

Um einen guten Draht zu einer Beraterin oder zu einem Banker aufzubauen, überlege dir, welche Produkte du guten Gewissens dort abschließen kannst und möchtest, auch wenn es im Internet vielleicht ein paar Euro günstiger ist.

**Beispiel Fondssparplan:** *Ich, Valentina, habe aus Kostengründen meinen großen Fondssparplan über eine Onlinebank abgeschlossen. Dennoch habe ich einen zweiten Fondssparvertrag bei meiner Bank laufen. Mir ist bewusst, dass die Konditionen und die Performance schlechter sind als bei meinem Online-Sparvertrag, aber da ich weiß, wie Banker ticken, habe ich aus strategischen Gründen diesen zweiten Vertrag laufen.*

**Beispiel Versicherungen:** *Wenn es nicht extrem viel teurer ist, schließe ich (Valentina) meine Versicherungen direkt bei meiner Bank oder meinem Versicherungsberater ab. Das hat zum einen den Vorteil, dass ich dort als »gute Kundin« geführt bin, und zum anderen, dass ich im Schadensfall einfach die Arbeit (z. B. Meldung des Schadens) an meinen Berater beziehungsweise an meine Beraterin abgeben kann.*

**Denke strategisch!**

Denke also strategisch. Brauchst du deinen Berater oder deinen Banker in Zukunft vielleicht für kompliziertere Themen wie eine Existenzgründung oder ein Darlehen? Dann überlege dir, welche Produkte du eventuell dort jetzt schon abschließen kannst.

Wie umfassend kann dich dein Berater beziehungsweise deine Beraterin in all deinen Finanzthemen beraten? Ist die Beratung unabhängig oder an eine bestimmte Gesellschaft gebunden? Was genau steht jetzt und in der Zukunft an?

Führe am Anfang gerne mit verschiedenen Beraterinnen und Beratern Gespräche und dann vertraue vor allem auf dein Bauchgefühl. Natürlich sind auch die Zahlen, Daten und Fakten wichtig, aber im Fall der Fälle kommt es darauf an, ob du dem Menschen vertraust, der dich berät. Je besser es menschlich passt, desto eher wird sich die Person vielleicht auch im Falle eines Falles einsetzen.

Unabhängig von den Fakten und unabhängig vom Bauchgefühl kannst du auch im Internet schauen, welche Bewertungen jemand bekommen hat. Was bringt dir jemand, den du vom Bauchgefühl her magst, bei dem auch die Zahlen stimmen, der jedoch mehrfach schlechte Bewertungen bekommen hat? Recherchiere den Namen und schaue auf den verschiedenen Social-Media-Kanälen nach, was für ein Mensch diese Beraterin oder dieser Berater ist.

Wenn alle Rahmendaten passen, ist es fast egal, ob die Person frei tätig ist oder ob sie einer Bank, einer Versicherung oder einer Bausparkasse zugehörig ist, denn beim Thema Finanzen und Beratung sollte es auch »menscheln«.

Das wahrscheinlich beste Preis-Leistungs-Verhältnis bekommst du jedoch am ehesten bei freien Beratern bzw. Beraterinnen oder freien Finanzmaklern, da sie produktunabhängig arbeiten und den größten Marktüberblick haben. Der Nachteil ist hier jedoch wieder die fehlende Nähe zu den Entscheidern, was wiederum bei Personen eher gegeben ist, die an eine bestimmte Gesellschaft gebunden sind.

**Freie Berater bieten das beste Preis-Leistungs-Verhältnis**

# Zahlenspielereien

Vorne unter den Sparchallenges hast du schon die 173-Regel kennengelernt. Hier kommen noch ein paar weitere Rechenexempel, die beim Sparbewusstsein helfen.

## Die 752-Regel

Vielleicht fallen dir wöchentliche Ausgaben ein, die du kürzen möchtest. Zum Beispiel, dass du aufhören möchtest zu rauchen.

*Beispiel: Angenommen, du rauchst fünf Schachteln Zigaretten pro Woche und eine Packung kostet 7 Euro. Dann hättest du allein dadurch wöchentlich 35 Euro Einsparpotenzial. Nun kommt die 752-Regel ins Spiel. Dabei multiplizierst du die wöchentliche Sparsumme mit der Zahl 752 und erhältst den Betrag, den du nach zehn Jahren hättest, wenn du das Geld stattdessen investiert hättest.*

*35 × 752 = 26.320 Euro. Nach zehn Jahren hättest du also theoretisch über 26.000 Euro, wenn du das Geld nicht für Zigaretten ausgeben, sondern investieren würdest. Und nicht nur das: Mit dem Rauchen aufzuhören tut nicht nur deinem Geldbeutel, sondern auch deiner Gesundheit gut!*[37]

## Die 4-Prozent-Regel

Hast du schon mal etwas von der 4-Prozent-Regel gehört? Die 4-Prozent-Regel besagt, wie viel Geld du bräuchtest, um von deinem Kapital leben zu können. Das heißt, dass du von deinem Vermögen leben kannst und nicht mehr unbedingt arbeiten musst, um deinen Lebensunterhalt zu bestreiten. Nach der 4-Prozent-Regel könntest du jedes Jahr 4 Prozent aus deinem Depot entnehmen und damit deine Ausgaben bezahlen.

Doch warum genau 4 Prozent?

Die 4 Prozent leiten sich von der Trinity-Studie ab. Diese wurde in den 1990er-Jahren in den USA durchgeführt. Ziel war es, herauszufinden, wie viel Geld man aus einem Depot entnehmen könnte, ohne innerhalb von 30 Jahren pleitezugehen. Dabei haben die Forschenden sich Zeiträume zwischen 1925 und 1995 angesehen und ein fiktives Kapital zu 50 Prozent in US-Aktien und zu 50 Prozent in Anleihen aufgeteilt. Danach erfolgte die Berechnung, wie viel Geld man jährlich hätte ausgeben können, ohne das Vermögen komplett aufzubrauchen. Ergebnis dieser Studie war, dass man selbst im schlechtesten Szenario nicht bankrott gegangen wäre, wenn man jährlich 4 Prozent seines anfänglichen Kapitals entnommen hätte.

Doch was heißt das jetzt konkret?

**Beispiel:** *Angenommen, du würdest insgesamt 100.000 Euro investieren, 50.000 Euro in Aktien und 50.000 Euro in Anleihen. Dann könntest du nach der Studie jährlich 4000 Euro aus dem Depot entnehmen und ausgeben, ohne dein Vermögen komplett aufzuzehren.*

*Das heißt, du könntest jährlich 4 Prozent aus deinem Depot entnehmen und damit deine Ausgaben decken. Doch wie viel Kapital bräuchtest du, damit du von 4 Prozent all deine Kosten decken kannst? 4 Prozent sind ein Fünfundzwanzigstel – also bräuchtest du das 25-Fache deiner jährlichen Ausgaben. Hast du also 25-mal deine Jahresausgaben angespart, so kannst du nach der 4-Prozent-Regel von deinen Investitionen leben.*

*Angenommen, deine Ausgaben betragen 1500 Euro pro Monat, dann gibst du 18.000 Euro pro Jahr aus. Du rechnest also:*

*18.000 Euro × 25 = 450.000 Euro*

*Das ist eine ganz schöne Summe! Doch lass dich davon nicht abschrecken. Auch wenn du 50.000 Euro angespart hast, könntest du davon 2000 Euro jährlich entnehmen. Davon könntest du vielleicht deinen Urlaub bezahlen.*

Im Endeffekt dient die 4-Prozent-Regel nur als grobe Faustformel, es gibt nämlich auch einige Kritikpunkte. Zum einen sind in der 4-Prozent-Regel keine Steuern berücksichtigt. Wenn du beispielsweise mit 35 oder 40 Jahren schon finanziell unabhängig sein möchtest, sollte dein Kapital nicht nur 30 Jahre, sondern eher 40, 50 oder sogar 60 Jahre lang ausreichen. Außerdem weiß niemand, wie die Renditen an der Börse in Zukunft aussehen werden. Man kann sich zwar die Zahlen aus der

Vergangenheit ansehen, aber ob dies in Zukunft genauso sein wird, ist ungewiss.

Als grobe Richtlinie ist die 4-Prozent-Regel aber ganz gut geeignet. Schließlich geht die 4-Prozent-Regel davon aus, dass man gar keinen Cent mehr dazu verdient, was relativ unrealistisch ist. Außerdem könnte man zum Beispiel in einer Wirtschaftskrise auch noch sparsamer leben, um Kosten zu reduzieren.

Fakt ist: Wenn du das 25-Fache deiner jährlichen Ausgaben angespart hast, dann ist das schon eine ordentliche Errungenschaft! Selbst wenn du das Kapital nicht investieren, sondern verzehren würdest, könntest du über 20 Jahre davon leben.[38]

## Die 4-Prozent-Regel und der »ewige Kredit«

Du möchtest dir ein iPhone für 1500 Euro anschaffen? Kein Problem, aber denk dran: Jede Ausgabe, die du tätigst, ist eigentlich nichts anderes als ein ewiger Kredit.[39] Du verstehst nur Bahnhof? So ähnlich ging es Valentina auch. Aber der Moment, als sie das realisierte und auch das Potenzial dahinter verstand, war einer ihrer größten Aha-Momente in den letzten Jahren.

**Jede Ausgabe ist ein ewiger Kredit**

Beispiel: *Zuerst möchten wir dir eine kleine Geschichte erzählen. Mario geht zu einem Elektronikfachmarkt und möchte sich ein iPhone kaufen. Er sieht das nigelnagelneue Smartphone und ist begeistert. Man könnte es Liebe auf den ersten Blick nennen. Als er nach dem Preis guckt, merkt er, dass er zwei Möglichkeiten hat.*

- *Variante A: Sofort 1500 Euro bezahlen,*
- *Variante B: 5 Euro pro Monat bezahlen, sein Leben lang. Egal ob das Handy kaputt geht oder nicht, er muss die monatliche Summe weiterhin bezahlen.*

*Mario fängt an zu rechnen. Er ist jetzt 20 Jahre alt und hat hoffentlich noch mindestens 60 Jahre Lebenszeit vor sich.*

*Welche Option, denkst du, ist die klügere?*

*Angenommen, Mario wird 80 Jahre alt, dann müsste er 60 Jahre lang jeden Monat 5 Euro bezahlen. Das entspricht einer Summe von 3600 Euro, also mehr als doppelt so viel als bei der Variante A. Mario fällt die Entscheidung leicht, er wählt Option A und denkt, er hätte ein Schnäppchen gemacht. Aber ist dem wirklich so?*

Wir müssen dich enttäuschen, in Wahrheit sind beide Varianten komplett identisch. Auch wenn du dich für die erste Option und damit den sofortigen Kauf entscheidest – du bezahlst insgeheim trotzdem lebenslang einen Kredit ab. Die meisten wissen nicht mal, dass dem so ist. Und so ging es Valentina auch!

Jetzt bist du vielleicht komplett verwirrt und kennst dich gar nicht mehr aus. Deshalb hier die Erklärung: Hinter dem Prinzip steckt die 4-Prozent-Regel, die wir vorher schon mal hatten. Nochmals kurz zusammengefasst besagt diese Regel, dass du von deinem investierten Vermögen jährlich 4 Prozent entnehmen kannst, ohne dass du pleitegehen wirst. Angenommen, du hättest die 1500 Euro zum Beispiel in ETFs investiert, dann könntest du jährlich 4 Prozent davon, also 60 Euro, entnehmen. 60 Euro jährlich sind 5 Euro monatlich.

Umgekehrt bedeutet das also, dass du für 1500 Euro, die du investierst, 5 Euro passives Einkommen pro Monat generierst. Wenn du die 1500 Euro aber ausgibst, so wie Mario im obigen Beispiel, dann entgehen dir 5 Euro passives Einkommen monatlich. Indirekt bezahlst du dadurch also einen Kredit von 5 Euro pro Monat, lebenslang. Faszinierend, oder?

Das zu realisieren, war einer von Valentinas größten finanziellen Aha-Momenten bisher. Sie hat angefangen, alle möglichen Ausgaben durchzugehen. Eine neue Küche für 6000 Euro zu kaufen, kostet dich dein Leben lang 20 Euro pro Monat. Auch wenn du schon 80 Jahre alt bist und im Altersheim sitzt. Indirekt bezahlst du immer noch die Küche ab.

Wenn du dir ein Auto für 30.000 Euro zulegst, sind das sogar 100 Euro monatlich, bis an dein Lebensende. Ausgaben mal von dieser Seite zu betrachten, ist superspannend. Das soll aber natürlich nicht heißen, dass du dir von nun an nichts mehr kaufen kannst. Es geht nicht darum, dass du dich einschränken sollst. Sondern darum, dass du dir bewusst machst, wofür du dein Geld ausgibst und welche langfristigen Auswirkungen dies hat.

Und vor allem: Du kannst den Kredit in ein passives Einkommen umwandeln. Statt die 300 Euro auszugeben, könntest du diese zur Seite legen. Klar, vielleicht brauchst du dein Auto unbedingt, da du auf dem Land wohnst und die öffentliche Verkehrsanbindung nicht zumutbar ist. Aber wenn du in der Stadt wohnst, wären die 300 Euro in einem monatlichen ETF-Sparplan vermutlich besser aufgehoben. Außerdem wohnst du in einer kleinen Wohnung und kannst nochmals zusätzlich 300 Euro zur Seite legen. Wären also insgesamt 600 Euro pro Monat.

**Beispiel:** *Angenommen, du investierst zehn Jahre lang 600 Euro monatlich in einen breitdiversifizierten ETF, dann hättest du nach zehn Jahren insgesamt 72.000 Euro investiert. Wenn wir von einer jährlichen Rendite von 6 Prozent ausgehen, dann würde dein Depotwert nach zehn Jahren 97.986 Euro entsprechen (ohne Gebühren, Steuern, Inflation).*

*Wenn du davon jedes Jahr 4 Prozent entnimmst, dann hättest du jährlich 3919 Euro zusätzlich zur Verfügung (ohne Steuern, Gebühren, Inflation). Damit lässt sich schon einiges machen. Wenn man die Summe auf den Monat herunterrechnet, sind es 326,62 Euro monatlich. Klar, das ist nicht die Welt und höchstwahrscheinlich wirst du davon nicht leben können. Aber es ist doch ein nettes Zusatzeinkommen, oder?*

Möglicherweise verdienst du mit der Zeit sogar mehr, reduzierst deine Fixkosten noch weiter oder Ähnliches und kannst somit noch mehr investieren. Vergiss nicht: Der Zinseszinseffekt zeigt seine Wirkung nicht sofort in vollem Ausmaß. Das dauert.

## Die 7-15-Jahresregel

»Was, wenn ich mal Kinder haben möchte? Dann kann ich nicht mehr so viel Geld investieren.« Das trifft vermutlich bei sehr vielen zu. Hierfür finden wir folgende grobe Faustregel ganz passend, die 7-15-Jahresregel. Auf diese wurde Valentina von einer lieben Person aus der Instagram-Community aufmerksam gemacht und hat sie so getauft.

**Beispiel:** *Du investierst sieben Jahre lang 500 Euro pro Monat und lässt das daraus entstandene Vermögen dann 15 Jahre lang liegen. Du entnimmst also nichts und investierst auch nichts mehr zusätzlich. Nach dieser Zeit könntest du dann jährlich etwa 500 Euro aus dem Depot entnehmen – die 500 Euro entsprechen dann nämlich ungefähr 4 Prozent deines Depotwerts, vorausgesetzt, du hast eine Rendite von 7 Prozent pro Jahr erzielt.*

*Stattdessen hättest du auch sieben Jahre lang 200 Euro investieren und dann nach 15 Jahren Haltedauer monatlich 200 Euro entnehmen können oder das Ganze mit 800 Euro pro Monat machen können.*

**Weiteres Beispiel:** *Anna ist 23 Jahre jung und gerade ins Berufsleben gestartet. Sie ist Frugalistin und investiert monatlich 1000 Euro, bis sie 30 ist. Ab dann möchte sie Kinder bekommen und ihre Arbeitsstunden reduzieren, um mehr Zeit für ihre Familie zu haben.*

*Wenn Anna dann 45 Jahre alt ist und ihre Kinder schon in der Pubertät sind, dann hätte sie etwa 1000 Euro pro Monat zusätzlich als passives Einkommen zur Verfügung. Klingt toll, oder?*

Hierbei muss auf jeden Fall noch beachtet werden, dass in dieser Berechnung keine Steuern enthalten sind. Trotzdem zeigt dieses Beispiel, dass sich das frühe Anfangen lohnt und auch wenn man später nichts mehr zusätzlich investiert, arbeitet das Geld weiterhin für einen. Es lohnt sich also immer anzufangen!

## Die 72er-Regel

Wie lange dauert es, bis sich dein investiertes Kapital verdoppelt? Das lässt sich ziemlich einfach mithilfe der 72er-Regel[40] abschätzen. 72er-Regel?! Was soll das sein? Schon wieder Mathe? Keine Sorge. Es wird nicht kompliziert. Die 72er-Regel funktioniert wie folgt:

Anzahl der Jahre bis zur Verdoppelung deines Kapitals = 72 / erwartete Rendite p. a. (= per anno, pro Jahr).

**Beispiel:** *Angenommen, du investierst dein Geld in breit diversifizierte ETFs und gehst davon aus, dass deine Rendite bei 7 Prozent pro Jahr liegen wird.*

*Nun berechnest du: 72 / 7 = 10,3 Jahre*

*Es dauert also etwas mehr als zehn Jahre, bis sich dein investiertes Kapital verdoppelt.*

*Wenn du heute 4000 Euro investierst, dann hättest du laut der 72er-Regel nach circa 10 Jahren 8000 Euro.*

Bei den 7 Prozent Rendite pro Jahr handelt sich lediglich um eine Annahme beziehungsweise Prognose. Man darf aber nicht vergessen, dass die Börse volatil ist. Deshalb kann es sein, dass genau in zehn Jahren ein Crash auftritt und dein investiertes Vermögen zu diesem Zeitpunkt sogar weniger wert ist als anfangs. Umgekehrt besteht auch die Möglichkeit, zu berechnen, wie viel Prozent Rendite p. a. du erzielen müsstest, damit sich dein Kapital innerhalb einer bestimmten Anzahl von Jahren verdoppelt.

**Beispiel:** *Angenommen, du möchtest dein Vermögen innerhalb von acht Jahren verdoppeln.*

*Nun berechnest du: 72 / 8 = 9 Prozent Rendite pro Jahr*

*Um dein Kapital innerhalb von acht Jahren zu verdoppeln, müsstest du also 9 Prozent Rendite pro Jahr erzielen.*

Wir finden diese Formel sehr praktisch, um eine grobe Einschätzung zu bekommen. Und sie zeigt auch, dass bei einer Rendite von zum Beispiel 0,1 Prozent, wie es bei Sparbüchern heutzutage häufig der Fall ist, eine Verdopplung des Vermögens 720 Jahre dauern würde!

Was lernen wir daraus? Lass dein Geld nicht auf dem Sparbuch versauern.

# Die ersten paar tausend Euro machen den Unterschied

Finanzielle Freiheit ist ein Prozess. Dein Leben wird sich höchstwahrscheinlich nicht von einem Tag auf den anderen komplett verändern, wenn du das 25-Fache deiner Jahresausgaben an Vermögen angespart hast.

Ob du 50.000 Euro oder 55.000 Euro an Vermögen hast, macht keinen so großen Unterschied. Aber ob du 0 Euro oder 5000 Euro auf der hohen Kante hast, sehr wohl. Die ersten paar tausend Euro sind die entscheidenden. Sie schützen dich vor unerwarteten Kosten, wie zum Beispiel einer kaputten Waschmaschine oder einer Autoreparatur. Auch wenn du deinen Job verlierst, bist du deutlich besser dran, wenn du 5000 Euro besitzt, als wenn du pleite bist.

Mit jedem Monat, in dem du Geld zur Seite legst, wirst du ein bisschen freier und unabhängiger von deinem Job. Wenn du bereits drei Jahre von deinem Vermögen leben könntest, fällt es dir leichter, deinen Job zum Beispiel auf 50 Prozent zu reduzieren oder zu kündigen, falls er dir nicht mehr gefällt. Hast du schon

**Finanzielle Freiheit ist ein Prozess**

fünf oder zehn Jahresausgaben beisammen, kannst du spontan ein Sabbatical einlegen und dein Einkommen wird immer optionaler.

Es geht also nicht darum, dein Leben komplett einzuschränken, bis du das 25-Fache deiner Jahresausgaben erreicht hast, sondern vor allem darum, den Weg zu genießen. Du wirst merken: Du wirst immer freier und freier, auch wenn du noch weit von deiner Zielsumme entfernt bist.

# Weitere Möglichkeit: Sei deine eigene Chefin

Gerade in der jungen Generation träumen immer mehr Leute davon, selbstständig zu sein und ihr eigenes Ding zu machen. Durch Internet, Social Media und Co. gibt es heutzutage viel mehr Möglichkeiten, sich ein eigenes, ortsunabhängiges Einkommen aufzubauen, als noch vor ein paar Jahrzehnten.

Doch was musst du beachten, wenn du dich selbstständig machen möchtest? Musst du ein Gewerbe anmelden? Welche Steuern fallen an und welche Versicherungen brauchst du? Darauf und auf vieles Weitere gehen wir nun ein.

## Fragen zur Existenzgründung

### Schritt 1: Womit möchtest du dich selbstständig machen? Geschäftsidee finden

Bevor du dich selbstständig machst, solltest du natürlich wissen, wer deine Kundschaft ist und was du diesen Personen anbieten möchtest. Stell dir die Frage, was du gut kannst und was dir Spaß macht. Überlege außerdem, wo Bedarf besteht und wie du diesen decken kannst.

### Schritt 2: Welche fachlichen und formalen Voraussetzungen musst du beachten?

Nachdem du die ungefähre Richtung deiner Selbstständigkeit festgelegt hast, solltest du dich hinsichtlich der Voraussetzungen informieren. Dazu gehören zum Beispiel Genehmigungen oder Zulassungen sowie gesetzliche Bestimmungen. Diese hängen natürlich ganz von Bereich und Branche ab. Wenn du beispielsweise ein Restaurant eröffnen möchtest, musst du die persönliche Zuverlässigkeit nachweisen. Weitere Voraussetzungen sind: Teilnahme an IHK-Unterricht, ortsbezogene Bestimmungen wie zum Beispiel das Vorhandensein von Sanitäranlagen.

### Schritt 3: Dein Businessplan

Als Nächstes erstellst du einen Businessplan. Dieser enthält wichtige Informationen zu deinem Geschäftsmodell und Prognosen über die weitere Entwicklung.

Er besteht aus mindestens zwei Teilen: einem beschreibenden Teil und dem Teil mit den Zahlen, Daten und Fakten. Du brauchst zwingend einen Businessplan, wenn du den Gründungszuschuss von der Arbeitsagentur oder Geld von der Bank beantragen möchtest. Doch auch, wenn du kein Geld von anderen brauchst, ist es empfehlenswert, einen Businessplan zu erstellen. Er sor-

**Businessplan – zwingend für Gründungszuschuss oder Bankkredit**

tiert deine Gedanken. Er sorgt dafür, dass du nicht naiv Geld ausgibst, das du gar nicht hast oder das nicht dir, sondern vielleicht dem Finanzamt oder einer gesetzlichen Pflichtversicherung gehört. Weiterhin ist es sinnvoll, dass du dir Gedanken darüber machst, wie viel Geld du mit deinem Business mindestens verdienen möchtest bzw. musst und wie viele Aufträge oder Kunden dafür notwendig sind.

In den Textteil deines Businessplans gehören mindestens folgende Punkte:

- die Beschreibung deines Business,
- die Gesellschaftsform,
- deine Zielkundschaft,
- wie du an deine Zielkundschaft herankommst,
- wer Produktgeber, Multiplikatoren oder Kooperationspartner sind,
- wie dein Marktumfeld aussieht, wie viel Konkurrenz es gibt,
- der USP (= Unique Selling Proposition): Was macht dich einzigartig?,
- Antworten auf folgende Fragen: Wenn es viele Anbieter in deiner Branche gibt, warum sollten die Kunden zu dir kommen? Was macht dich aus? Worin bestehen die Unterschiede zu Mitanbietern?,
- Chancen und Risiken,
- Stärken und Schwächen,
- Marketing,
- deine Qualifikationen,
- Geldbedarf und Geldquellen.

Der Zahlenteil wird in der Regel über Excel-Tabellen abgebildet. Hierzu findest du viele vorgefertigte Tabellen im Netz. Auch hier können wir dir nur einen kurzen Einblick in eine komplexe Thematik geben. Um es dir ein wenig zu vereinfachen, hier ein paar Tipps für das Finden der richtigen Zahlen, damit es nicht ein »heiteres Zahlenratespiel« wird, sondern auch wirklich Sinn für dich ergibt, wenn du dir die Arbeit schon machen musst. Am besten funktioniert das mit einer Rückwärtsrechnung. Achtung: Dies sind nur Näherungsrechnungen, damit du dir selbst einen Überblick verschaffen kannst. Bitte ziehe im Fall der Fälle einen Experten oder eine Expertin hinzu.

Beginne mit dem, was am Ende für dich übrig sein muss, also deinem Nettoeinkommen. Nun kannst du in einer Steuertabelle schauen, wie viel du brutto verdienen musst, um dieses Nettoeinkommen ausgezahlt zu bekommen. Wenn du nicht lange recherchieren möchtest, dann nimm überschlagsweise 25 Prozent bei bis zu 2000 Euro und 35 Prozent bei bis zu 3500 Euro. Mit deinem Nettoeinkommen solltest du alle deine privaten Kosten zahlen können.

**Beispiel:** *Gehen wir davon aus, dass du 2000 Euro netto brauchst.*

*Um 2000 Euro ausgezahlt zu bekommen, brauchst du einen »Gewinn vor Steuern« (wie es fachlich korrekt heißt) von 2666,67 Euro.*

*Rechenweg: 2000 Euro entspricht 75 Prozent (denn von 100 Prozent muss ja die Steuer bezahlt werden). Nun teilst du 2000 Euro durch 75 Prozent und multiplizierst mit 100:*

*(2000 / 75) × 100 = 2666,67 Euro.*

*Wenn du von 2666,67 Euro 25 Prozent abziehst, bist du wieder bei 2000 Euro.*

Danach schreibe all deine Kosten auf, die betrieblich anfallen, also zum Beispiel Kosten für ein Büro, deinen Handyvertrag, für Internet, Fahrtkosten, aber auch für Versicherungen und Marketing. Vergiss bitte nicht die Kosten für deine Krankenversicherung und ggf. die Beiträge zur gesetzlichen Rentenversicherung. Diese Kosten addierst du dann zu diesen rund 2666 Euro.

**Beispiel Fortsetzung:** *Nehmen wir an, du brauchst insgesamt 4000 Euro monatlichen Umsatz, um am Ende 2000 Euro Nettoeinkommen für dich zu haben. Dann geht es zum nächsten Schritt und du kannst planen, wie viel du von deinem Produkt oder deiner Dienstleistung verkaufen musst, um* *am Ende diese 4000 Euro Umsatz zu bekommen. Lass uns eine einfache Rechnung durchführen, damit du den Weg nachvollziehen kannst. Du bekommst beispielsweise 100 Euro pro Stunde. Dann müsstest du 40 Stunden pro Monat verkaufen, um 4000 Euro Umsatz zu generieren.*

*Und mal angenommen, du arbeitest vier Wochen im Monat. Dann müsstest du pro Woche zehn Stunden verkaufen (für 1000 Euro Umsatz pro Woche). Das sind bei einer Fünftagewoche zwei verkaufte Stunden pro Tag. Das klingt erst einmal wenig. Doch zum einen hast du wahrscheinlich auch viel an Administration zu erledigen (zum Beispiel Angebotserstellung, Marketing, Rechnungen schreiben etc.) und zum anderen stellt sich die Frage, wie viele Kunden du brauchst, um zwei Stunden pro Tag verkaufen zu können.*

Das ist eine der zentralen Fragen im Businessplan: Wie viele Kundinnen und Kunden brauchst du am Ende, um ein profitables Business aufzubauen, und woher kommen diese? Wie werden finanzielle Engpässe überbrückt? Wie wahrscheinlich ist es, dass du dein gewünschtes Umsatzziel auch erreichst?

### Schritt 4: Rechtsform endgültig wählen, Gewerbe anmelden

Es gibt verschiedene Rechtsformen, unter denen du wählen kannst. Als Beispiele lassen sich Einzelunternehmen, GmbH, UG oder GbR nennen. Diese unterscheiden sich in der Anzahl der Gründer, im benötigtem Kapital, in buchhalterischen Verpflichtungen sowie in der Haftung. Welche Rechtsform für dich die richtige ist, hängt von vielen Rahmenbedingungen ab. Die Handelskammern bieten hierzu oft gute Existenzgründungsseminare an, in denen du ein Grundwissen erlangen kannst.

### Schritt 5: Geschäftskonto, Vorsorge und Versicherungen

Auch wenn es für Einzelunternehmungen keine gesetzliche Pflicht gibt, ein separates Geschäftskonto zu eröffnen, ist dies sehr empfehlenswert. Durch die Trennung von privaten und geschäftlichen Konten schaffst du dir mehr Überblick über deine Finanzen. Außerdem untersagen es die AGB (= allgemeine Geschäftsbedingungen) von Banken häufig, dass Privatkonten für geschäftliche Zwecke genutzt werden dürfen bzw. dass private und geschäftliche Buchungen vermischt werden. Für eine Kapitalgesellschaft (wie eine GmbH, eine AG, eine KG oder auch eine KGaA) dagegen gibt es sehr wohl eine gesetzliche Pflicht zur Führung eines Geschäftskontos.

Zudem solltest du dich um deine Vorsorge kümmern. Während Arbeitnehmerinnen und Arbeitnehmer in Deutschland in die gesetzliche Rentenversicherung einzahlen müssen, sieht das bei Selbstständigen anders aus. Ob du freiwillig in das gesetzliche Rentensystem einzahlen möchtest, ist deine Entscheidung – wichtig ist vor allem, dass du dich damit auseinandersetzt. Achtung: Einige Berufsgruppen sind auch als Selbstständige in der gesetzlichen Rentenversicherung pflichtversichert (siehe Kapitel über Versicherungen).

Welche Versicherungen braucht man als selbstständige Person eigentlich? Auch das hängt von deiner Branche und deinem Sicherheitsbedürfnis ab. Wichtige Versicherungen können zum Beispiel die Elektronikversicherung, die Betriebshaftpflichtversicherung, eine Vermögensschadenshaftpflichtversicherung oder auch eine Rechtsschutzversicherung sein.

### Schritt 6: Steuern

Als Nächstes solltest du dich um deine Steuern kümmern. Dazu gehört, dass du dich über bestimmte Begriffe und Fristen informierst und dir gegebenenfalls auch professionelle Unterstützung in Form einer Steuerberatung suchst. Diese kann dir nicht nur viel Zeit, sondern möglicherweise auch Geld sparen, indem sie dich berät.

Lass uns direkt einen Exkurs zum Thema Steuern machen.

## Steuern leicht gemacht – welche Steuer wofür?

Einkommensteuer, Gewerbesteuer, Umsatzsteuer, Mehrwertsteuer, … Du fragst dich vielleicht: »Worauf soll ich denn noch alles Steuern bezahlen?« Viele Existenzgründerinnen und Existenzgründer blenden das Thema Steuern gänzlich aus. Doch das kann fatale Folgen haben, typischerweise oft im dritten Jahr. Warum, das wollen wir dir hier gerne erläutern.

### Einkommensteuer

Die Einkommensteuer ist deine ganz persönliche Steuer. Sie wird ermittelt aus deinen Gesamteinnahmen. Das Einkommensteuergesetz (EStG) kennt insgesamt *sieben* Einkunftsarten. Hierzu gehören die Einkünfte aus Land-

und Forstwirtschaft, Gewerbebetrieb, selbstständiger Arbeit, nichtselbstständiger Arbeit, Kapitalvermögen, Vermietung und Verpachtung sowie die sonstigen Einkünfte. Mit deiner Einkommensteuererklärung gibst du zum einen alle Einkünfte an, zum anderen kannst du bestimmte Ausgaben als Werbungskosten absetzen, zum Beispiel Weiterbildungskosten, Fahrtkosten, manche Versicherungen und vieles mehr. Deine Gesamteinnahmen abzüglich deiner Werbungskosten ergeben dein zu versteuerndes Einkommen.

Wenn du angestellt tätig bist, dann führt dein Arbeitgeber automatisch deine Einkommensteuer und die Sozialversicherungsbeiträge ab. Das, was du dann ausgezahlt bekommst, kannst du komplett für dich nutzen. Anders ist es, wenn du selbstständig tätig bist. Dann bist du selbst dafür verantwortlich, dass die Einkommensteuer an das Finanzamt überwiesen wird. Und genau hier gibt es eine typische, gefährliche Falle für Existenzgründerinnen und -gründer.

Häufig ist es so, dass Personen, die sich selbstständig machen, im ersten Jahr noch gar keine Einkommensteuer zahlen müssen, da sie zum einen hohe Ausgaben für ihre Gründung haben, zum Beispiel durch Anschaffungen, die als Werbungskosten angegeben werden können. Zum anderen sind die

**Bei Existenzgründern schlägt schnell die Steuerfalle zu**

Einnahmen im ersten Jahr oft noch recht übersichtlich. Wenn dann im zweiten Jahr entsprechend gute Einnahmen fließen, jedoch keine Rücklagen für Steuern getätigt und häufig auch noch keine Vorauszahlungen an das Finanzamt geleistet werden (denn die Vorauszahlungen werden auf Grundlage des Vorjahreseinkommens berechnet), kann es sehr schwierig werden.

**Beispiel:** *Nun stellen wir uns folgende Situation vor: Lukas macht sich am 01.04.2022 selbstständig. Im ersten Jahr beträgt sein zu versteuerndes Einkommen (also seine Einnahmen abzüglich seiner Werbungskosten) 10.000 Euro. Diese Summe liegt unter dem Grundfreibetrag von 10.347 Euro (Stand 2022). Das zweite Jahr (2023) läuft super. Lukas hat nun bereits einen Gewinn von beispielsweise 30.000 Euro. Da Lukas gut zu tun hat, schiebt er seine Einkommensteuererklärung von Monat zu Monat und gibt sie erst im darauffolgenden Sommer (2024) ab. Das Finanzamt stellt ein zu versteuerndes Einkommen (der Einfachheit halber ist es hier mit dem*

*Gewinn identisch) von 30.000 Euro fest. In der Folge bekommt Lukas diese Zahlungsaufforderung:*

1. *Steuernachzahlung für das Einkommen 2023, je nach individueller Situation etwa 5000 Euro*
2. *Einkommensteuervorauszahlung für 2024 auf Grundlage des Einkommens von 2023. Falls der Steuerbescheid erst im Herbst 2024 kommt, dann wird diese Vorauszahlung für das gesamte Jahr 2024 berechnet, also noch einmal rund 5000 Euro.*

*Wenn Lukas keine Rücklagen hat, wird ihm die Steuerforderung von rund 10.000 Euro wahrscheinlich schlaflose Nächte bescheren.*

Nun fragst du dich wahrscheinlich, wie viel du zurücklegen solltest. Das hängt von deinen persönlichen Einnahmen ab. Am besten fragst du hierzu dein Steuerberatungsbüro oder gibst bei Google mal das Wort Einkommensteuertabellen ein. Ein guter Link ist beispielsweise dieser hier:

https://einkommensteuertabellen.finanz-tools.de/grundtabelle/2022

Wenn du nicht erst in den Einkommensteuertabellen stöbern möchtest, sondern gerne einen Pauschalwert hättest, dann rechne bitte mit mindestens 25 Prozent bis 30 Prozent deiner Einnahmen, die du für Steuern und Versicherungen zurücklegen solltest.[41]

Die Einkommensteuer zahlst du auf deine persönlichen Einkünfte, also beispielsweise auf deine Einkünfte aus selbstständiger oder nichtselbstständiger Arbeit oder auch auf Mieteinkünfte, Sonderzahlungen von deinem Arbeitgeber und einige andere Einkommensquellen.

Eine andere Art von Steuer zahlst du jedoch auf Zinseinkünfte oder Einkünfte aus Kursgewinnen. Sie heißt Abgeltungssteuer bzw. Kapitalertragssteuer. Schauen wir uns das im Folgenden einmal an.

## Kapitalertragsteuer, Abgeltungssteuer

In Deutschland gilt die sogenannte Kapitalertragsteuer, auch Abgeltungssteuer genannt.

Sie beträgt pauschal 25 Prozent von den erzielten Kapitalerträgen zzgl. 5,5 Prozent Solidaritätszuschlag und ggf. Kirchensteuer, die je nach Bundesland 8 Prozent bis 9 Prozent beträgt. Insgesamt liegt die Abgeltungssteuer somit zwischen 26,375 Prozent und 27,995 Prozent, je nach persönlicher Situation. Dieser Betrag ist auf alle Kapitalerträge zu zahlen, unabhängig davon, ob es sich um Dividenden, Zinsen oder Kursgewinne handelt. Lediglich Immobilien werden steuerlich anders behandelt, dazu findest du oben mehr.

Vielleicht fragst du dich nun, wie wir auf diese krummen Zahlen kommen, deswegen lass uns das noch einmal im Einzelnen anschauen. Mal angenommen, du hast deinen Freistellungsauftrag ausgeschöpft und du erhältst einen Ertrag aus Wertpapieren von 1000 Euro pro Jahr. Dann zahlst du darauf 25 Prozent, also 250 Euro. Auf diese 250 Euro werden dann noch die 5,5 Prozent Solidaritätszuschlag (= 13,75 Euro) und ggf. die Kirchensteuer berechnet. Ohne Kirchensteuer läge somit dein Nettoertrag aus Kapitaleinkünften bei 736,25 Euro.

Doch nicht immer musst du diese Abgeltungssteuer bezahlen. Zum einen hast du einen Freibetrag von 1000 Euro bei Ledigen und 2000 Euro bei Verheirateten. Du musst also erst dann Kapitalertragssteuer zahlen, wenn deine jährlichen Erträge aus Kapitalanlagen höher sind als 1000 Euro bzw. 2000 Euro bei Verheirateten. Damit die Abgeltungssteuer erst ab einem Betrag von 1000 beziehungsweise 2000 Euro Kapitalertrag abgezogen wird, kannst du einen Freistellungsauftrag bei der Bank stellen. Zum anderen kannst du dir einen Teil deiner eventuell gezahlten Abgeltungssteuer zurückholen, wenn dein persönlicher Spitzensteuersatz niedriger ist als 25 Prozent. Ein vereinfachtes Beispiel hierzu:

**Beispiel:** *Wenn du nur 18 Prozent Einkommensteuer bezahlst, dann kannst du dir die Differenz zwischen 18 Prozent und 25 Prozent vom Finanzamt zurückerstatten lassen. Der Vollständigkeit halber sei erwähnt, dass wir in Deutschland eine sogenannte Steuerprogression haben und dass zwischen Spitzensteuersatz und Durchschnittssteuersatz unterschieden wird.*

*Doch das in Gänze zu erläutern, würde an dieser Stelle den Rahmen sprengen. Einfach erklärt heißt es, dass du auf die ersten Euros deines Einkommens eine geringere Steuer bezahlst als auf den letzten Euro deines Einkommens. Die gesamte Steuerlast bezogen auf dein Einkommen ergibt deinen Durchschnittssteuersatz.*

Für alle Zahlen gilt das Jahr 2023.

## Gewerbesteuer

Gewerbesteuer zahlst du nur, wenn du ein Gewerbe angemeldet hast. Das Steuergesetz differenziert recht genau, was als selbstständige Tätigkeit (= Freiberuflichkeit) gilt und was als gewerbetreibend eingestuft wird. Wer als freiberuflich eingestuft wird, steht in § 18 des EStG (Einkommensteuergesetz). Alle anderen Selbstständigen gelten als Gewerbetreibende. Doch keine Sorge, selbst wenn du als Einzelunternehmerin als gewerblich eingestuft wirst und Gewerbesteuer zahlen musst, wirst du keine steuerliche Doppelbelastung haben. Deine Gewerbesteuerzahlung wird auf deine Einkommensteuer angerechnet. Übrigens: Gewerbesteuer zahlst du ohnehin erst, wenn du einen Gewinn von mindestens 24.500 Euro pro Jahr erwirtschaftest

## Mehrwertsteuer/Umsatzsteuer

**Die Umsatzsteuer der Unternehmerin ist die Mehrwertsteuer des Verbrauchers**

Sobald du ein Gewerbe angemeldet hast, musst du grundsätzlich Umsatzsteuer auf deine Produkte und Dienstleistungen berechnen. Die Umsatzsteuer beträgt in den meisten Fällen 19 Prozent, in einigen wenigen Fällen nur 7 Prozent, zum Beispiel für Lebensmittel, Bücher und Zeitschriften, Personennahverkehr, Tickets für ein Konzert sowie Theater oder Museen oder lebende Tiere. Aus Sicht des Gewerbetreibenden bzw. Unternehmens heißt es Umsatzsteuer, aus Sicht der Endverbraucherin ist es die Mehrwertsteuer. Es meint jedoch die gleiche Steuer.

*Beispiel: Du verkaufst deine Stunde für 100 Euro netto, das heißt, du möchtest auch wirklich 100 Euro behalten. Dann musst du die 19 Prozent obendrauf rechnen und deinem Kunden oder deiner Kundin eine Rechnung über 119 Euro stellen. Stellst du eine Rechnung von lediglich 100 Euro inklusive der Umsatzsteuer, dann musst du hiervon 15,97 Euro an das Finanzamt abführen und behältst lediglich 84,03 Euro für dich.*

*Achtung: Diese 84,03 Euro sind natürlich auch noch einkommensteuerpflichtig. Das Wort »Netto« bezieht sich in diesem Fall nicht auf dein Nettoeinkommen, sondern auf die Nettozahlung des Kunden / der Kundin, also den Preis ohne Mehrwertsteuer.*

Wenn du umsatzsteuerpflichtig bist, dann bist du auf der anderen Seite auch vorsteuerabzugsberechtigt. Wieder so ein Wortungetüm. Vorsteuerabzugsberechtigung bedeutet, dass du dir die Mehrwertsteuer, die du selbst gezahlt hast für bestimmte Güter und Dienstleistungen, vom Finanzamt zurückholen kannst, und zwar dann, wenn es Ausgaben für deine berufliche Tätigkeit sind (zum Beispiel Material oder Weiterbildungskosten).

Es gibt einige Ausnahmen von der Umsatzsteuerpflicht, zum Beispiel in der Finanzbranche. Wenn du Provisionen als Beraterin oder Tippgeber erhältst, dann sind diese per Gesetz von der Umsatzsteuer befreit, obwohl es sich um gewerbliche Einkünfte handelt.

## Kleinunternehmerregelung

Selbstständige, die einen Umsatz von bis zu maximal 22.000 Euro erzielen, können die Einstufung als Kleinunternehmer nach § 19 UStG (Umsatzsteuergesetz) beim Finanzamt beantragen. Die Kleinunternehmerregelung bedeutet, dass du keine Umsatzsteuer für deine Produkte und Dienstleistungen berechnen musst. Wenn du also, wie im Beispiel oben, deine Stunde für 100 Euro verkaufst, dann zahlt dein Kunde bzw. deine Kundin diese 100 Euro und es verbleiben genau diese 100 Euro auch bei dir. Doch Achtung, auch hier gilt: Die Kleinunternehmerregelung betrifft nur die Umsatzsteuer. Einkommensteuer zahlst du dennoch.

Vorteile der Kleinunternehmerregelung:

- Du bist eventuell günstiger als andere Anbietende, weil du die 19 Prozent Umsatzsteuer nicht im Preis berücksichtigen musst.
- Du musst keine Umsatzsteuererklärung abgeben (je nach Situation ist diese monatlich oder quartalsweise zu erstellen).

Nachteile der Kleinunternehmerregelung:

- Du bist nicht vorsteuerabzugsberechtigt, das heißt, du kannst dir auch keine Mehrwertsteuer deiner Ausgaben zurückholen.
- Wer deine Rechnung bekommt, weiß sofort, dass du weniger als 22.000 Euro Gewinn im Jahr hast. Das muss nicht schlimm sein,

jedoch zeigt es, dass du eben nur ein Kleinunternehmen hast. In bestimmten Branchen kann das negativ bewertet werden, in anderen Bereichen ist das unerheblich, vor allem, wenn du vielleicht nur ein Nebengewerbe hast.

**Beispiel:** *Wenn du etwas Künstlerisches verkaufst, dann wollen die Kundinnen und Kunden genau deine Kunst. Dann ist es ihnen sicherlich völlig egal, wie viel Umsatz du sonst noch machst, und sie freuen sich eher über die Kleinunternehmerregelung, weil sie keine Mehrwertsteuer zahlen müssen. Wenn du dich jedoch in der Beratungsbranche selbstständig machst und vielleicht sogar große Firmen oder Führungskräfte beraten möchtest, dann werden diese dich eher nicht buchen, weil die Frage im Raum steht: Warum verdienst du weniger als 22.000 Euro pro Jahr als »Topberater/-in«?*

Lass dich am besten hierzu von deiner Steuerberaterin oder deinem Steuerberater beraten.

## Versicherungen für mein Business – muss das sein?

Kurze Antwort: Auf jeden Fall! Sicherlich brauchst du nicht alle denkbaren Versicherungen. Doch auf einige solltest du nicht verzichten. Welche Versicherungen für dich im Speziellen relevant sind, solltest du mit einer Fachkraft für betriebliche/gewerbliche Versicherungen besprechen.

Neben den Personenversicherungen wie Altersvorsorge, Krankenversicherung und der Absicherung finanzieller Folgen bei Arbeitsunfähigkeit, die wir oben im Versicherungskapitel besprochen haben, gibt es noch jede Menge anderer sinnvoller Absicherungen. Einige Beispiele möchten wir dir hier vorstellen.

### Gewerbe- oder Produkthaftpflichtversicherung

Die Gewerbehaftpflichtversicherung zahlt beispielsweise dann, wenn Kunden oder anderen Personen in deinen Räumlichkeiten etwas passiert. Das kann manchmal schnell gehen, zum Beispiel wenn jemand in deinen Räumen ausrutscht und sich schwer verletzt. Produkthaftpflichtversicherungen zahlen dann, wenn Mängel an deinem Produkt auftreten (wichtig: Es darf natürlich kein Vorsatz, also keine »böse Absicht« von deiner Seite aus dahinterstehen). Mängel an Produkten können hohe Schadenersatzforderungen nach sich ziehen, etwa wenn du etwas verarbeitest, das sich im Nachhinein als gesundheitsschädlich herausstellt.

### Berater- und Vermögensschadenhaftpflichtversicherung

Wenn du in einem beratenden Business tätig bist, zum Beispiel als Trainerin, Coach oder Beraterin, dann solltest du dich gegen die Folgen von (vermeintlichen) Fehl- oder Falschberatungen absichern. Auch wenn du reinen Gewissens berätst, kann es immer mal vorkommen, dass du entweder versehentlich etwas Falsches empfiehlst oder ein Kunde behauptet, dass du ihn falsch beraten hast. Je nach Branche solltest du dieses Risiko absichern.

### Rechtsschutzversicherung

Ob eine Gewerberechtsschutzversicherung für dich sinnvoll ist, solltest du mit einem Spezialisten oder einer Spezialistin besprechen. Rechtsschutzversicherungen treten immer dann in Kraft, wenn du aktiv einen Rechtsbeistand einschaltest, also aktiv einen Rechtsstreit anfängst. Achtung: Nicht alle Rechtsfälle sind in den Rechtsschutzversicherungen abgedeckt. Hier gilt es genau zu schauen, für welche Fälle die Rechtsschutzversicherung die Kosten übernimmt.

### Elektronikversicherung

Wie viel Technik nutzt du? Was passiert, wenn diese beispielsweise durch einen Wasserschaden zerstört oder bei einem Einbruch entwendet wird? Welche Kosten entstehen dir, wenn dir versehentlich ein Glas Wasser umkippt und deine Technik unbrauchbar macht? Ob sich eine Elektronikversicherung für dich lohnt, muss im Einzelfall entschieden werden.

### Betriebsunterbrechungsversicherung

Diese Versicherungsart sei der Vollständigkeit halber hier genannt. Sie ist jedoch in den meisten Fällen nur dann relevant, wenn du einen Betrieb führst und dich ein Betriebsausfall (zum Beispiel durch Feuer) finanziell ruinieren würde.

**Wie wahrscheinlich und wie gefährlich ist ein Schadensfall?**

Wäge bei Versicherungen genau ab, ob du sie wirklich benötigst. Wie wahrscheinlich ist der Eintritt eines Schadensfalls und was würde er für dich bedeuten?

**Beispiel:** *Auf eine Haftpflichtversicherung solltest du keinesfalls verzichten, denn vor allem, wenn es sich um Personenschäden handelt, können im schlimmsten Fall sogar Zahlungen in Millionenhöhe auf dich zukommen. Anders bei der Elektronikversicherung. Wenn deine Elektronik aus irgendwelchen Gründen zerstört würde, welche Kosten kämen dann auf dich zu? Mal angenommen, du brauchst »nur« einen neuen Laptop für 1000 Euro, dann hat so eine Versicherung sicherlich wenig Sinn.*

# Stattliche Förderungen durch staatliche Förderungen?

Wenn du als unerfahrener Mensch in die Bank oder zu einem Finanzberater gehst und dich erstmalig beraten lässt, weil du beispielsweise eine Ausbildung angefangen hast und dein erstes Geld verdienst, dann werden dir ganz bestimmt in erster Linie Produkte angeboten, bei denen du staatliche Förderungen bekommst. Leider passiert es nicht selten, dass ein junger Mensch vor dem Ausbildungsstart einfach nur ein Girokonto eröffnen möchte und mit einem Bausparvertrag, einer Riester-Rente und einem Investmentsparvertrag wieder aus dem Gespräch herausgeht. Das Verkaufsargument vonseiten des Beraters ist einfach: Du bekommst etwas vom Staat geschenkt! Es wird so sehr über die staatlichen Geschenke verkauft, dass du dir während des Gesprächs vielleicht gar keine Gedanken darüber machst, ob du so viel Geld monatlich investieren möchtest und ob die Produkte für dich überhaupt Sinn ergeben – außer dass du etwas geschenkt bekommst. Und manch ein Berufsstarter hat schnell einen Großteil seines monatlichen Geldes in solche Produkte investiert. Doch nicht jedes Geschenk ist sinnvoll, nur weil es ein Geschenk ist. Wenn du damit nichts anfangen kannst oder etwas anderes besser zu dir passen würde, dann lehnst du Geschenke hoffentlich auch sonst in deinem Leben ab. Lass es uns noch ein wenig greifbarer machen:

**Beispiel:** *Du bekommst einen großen Schrank geschenkt, aber du hast schlichtweg nicht den Platz dafür, sondern möchtest lieber kleinere, elegantere Möbelstücke haben. Dann würdest du dir doch auch nicht deinen Wohnraum mit einem Riesenschrank verbauen, selbst wenn er noch so schön ist, oder? Oder stell dir vor, du willst auf Reisen gehen. Und jemand schenkt dir einen sehr wertvollen Koffer, der jedoch unglaublich schwer ist. Würdest du dann deinen leichten Koffer eintauschen gegen einen schweren Koffer, nur weil er wertvoll ist?*

Ähnlich ist es beim Thema Finanzen. Natürlich ist es klasse, wenn du Geld vom Staat bekommst. Doch manchmal sind die Produkte nicht passend oder nicht geförderte Produkte passen besser zu deinen Zielen, Plänen und Wünschen. Auch hierzu ein Praxisbeispiel:

**Beispiel:** *Mal angenommen, du hast ein großes Ziel, für das du in drei Jahren Geld brauchst. Vielleicht eine Weltreise, vielleicht eine neue Wohnung oder ein tolles Elektrobike. Dann brauchst du ein Finanzprodukt, auf dass du in drei Jahren zurückgreifen kannst und das hoffentlich bis dahin auch etwas Rendite gebracht hat. Wenn du dann dein Geld in einen Bausparvertrag investierst, bei dem du zwar ans Geld wieder herankommst, bei dem du aber zum Abschlusszeitpunkt eine hohe Gebühr zahlst, ist das wenig sinnvoll. Genauso wenig sinnvoll ist es, wenn du in einem solchen Fall eine Riester-Rente abschließt oder in einen vermögenswirksamen Sparvertrag investierst, über den du nur gegen Gebühren und vielleicht sogar mit Verlusten verfügen kannst.*

Staatliche Förderungen und Geldgeschenke sind toll! Ohne Frage! Ob die dahinterstehenden Produkte jedoch sinnvoll für dich und deine Lebensplanung sind, das ist die alles entscheidende Frage.

Doch nicht jede staatliche Förderung hat etwas mit monatlichen Sparbeiträgen zu tun. Lass uns eintauchen in die Welt der Geldgeschenke. Auch in diesem Kapitel gilt wieder: Wir können dir im Rahmen dieses Buches nur ein Grundwissen vermitteln. Für eine Vertiefung und für individuelle Angebote wende dich bitte an entsprechende Beraterinnen und Berater. Das gilt vor allem für komplexere Themen wie die Riester-Rente.

Doch verschaffe dir hier schon einmal einen Überblick. Vielleicht sind für dich ein paar stattliche Förderungen durch staatliche Förderungen dabei.

## BAföG

BAföG steht für das Bundesausbildungsförderungsgesetz und umfasst finanzielle Förderungen und Zuschüsse für Schülerinnen und Schüler sowie Studierende. Es soll insbesondere Personen aus finanziell schwächer gestellten Familien einen gleichberechtigten Zugang zur Bildung ermöglichen. Eine BAföG-Zahlung steht grundsätzlich nur den Studierenden, Azubis sowie

Schülerinnen und Schülern zu, bei denen die Kosten während der Studiums- oder Ausbildungszeit nicht von der Familie oder ihnen selbst getragen werden können. Studierende können darüber hinaus nur dann BAföG beantragen, wenn sie in Vollzeit studieren und zu Beginn des Bachelorstudiums nicht älter als 29 Jahre und zu Beginn des Masterstudiums nicht älter als 34 Jahre sind.[42]

Ob und wie viel Anspruch du auf BAföG hast, richtet sich weiterhin nach der Höhe des Einkommens deiner Eltern und nach deiner eigenen finanziellen Situation. Die jeweils aktuellen Einkommensgrenzen und die mögliche Höhe der BAföG-Zahlung findest du auf der Seite *https://bafög.de*.

Die BAföG-Leistungen müssen teilweise zurückgezahlt werden, doch das ist sehr human. So erhalten Studierende an höheren Fachschulen, Akademien und Hochschulen die Hälfte der Zahlungen als echten Zuschuss, die andere Hälfte als zinsloses Darlehen.

Schülerinnen und Schüler erhalten BAföG als echten Zuschuss. Sie müssen nichts zurückzahlen.

## Auf der Seite *https://bafög.de* findest du folgende Punkte zur Rückzahlung des Darlehens:

- Mit der Rückzahlung muss erst fünf Jahre nach Ende der Förderungshöchstdauer, die normalerweise der Regelstudienzeit entspricht, bei Akademien fünf Jahre nach dem Ende der regulären Ausbildungszeit begonnen werden. In der Regel ist der Berufseinstieg also schon geschafft, wenn mit der Rückzahlung begonnen wird.
- Das BAföG-Darlehen muss nur bis zu einem Gesamtbetrag von 10.010 Euro zurückgezahlt werden.
- Das Darlehen wird in Regelraten von 130 Euro monatlich in einem Zeitraum von bis zu 20 Jahren zurückgezahlt. Drei Monatsraten werden zu einem vierteljährlich fälligen Betrag zusammengefasst.
- Nach 20 Jahren gilt die Schuld als getilgt – wenn der oder die Auszubildende sich um Tilgung und Mitwirkung im Rückzahlungsverfahren bemüht hat.

- Zahlpausen sind möglich. Wer nicht mehr als 1605 Euro monatlich verdient, kann einen Antrag auf Aussetzen der Rückzahlung stellen. Sind Ehepartner, eingetragene Lebenspartner oder Kinder mitzuversorgen, kann sich dieser Betrag erhöhen. Das Darlehen bleibt auch in diesem Fall weiterhin zinsfrei.
- Bonus für fleißige Rückzahlerinnen und Rückzahler: Wer das Darlehen schon vor der Fälligkeit ganz oder teilweise tilgt, bekommt einen Teil der Schulden erlassen.[43]

Unsere Empfehlung: Informiere dich unbedingt, ob du Anspruch auf BAföG hast. Denn das ist eine lohnende stattliche Förderung durch staatliche Förderung.

## Arbeitnehmersparzulage

Möchtest du 9 Prozent oder sogar 20 Prozent jährlichen staatlichen Zuschuss auf deine Sparverträge bekommen? Das ist unter Umständen möglich, nämlich mit der Arbeitnehmersparzulage. Aus dem Wort »Arbeitnehmersparzulage« ergibt sich schon eine wichtige Grundvoraussetzung für diese Förderung. Du erhältst sie nämlich nur, wenn du Arbeitnehmerin oder Arbeitnehmer bist, also in einem Angestelltenverhältnis tätig bist. Selbstständige, Freiberuflerinnen, Schülerinnen und Schüler sowie Menschen ohne Arbeit haben keine Chance auf diese Förderung.

Um die Arbeitnehmersparzulage zu erhalten, musst du monatlich in einen Bausparvertrag oder einen vermögenswirksamen Investmentsparvertrag investieren und die Beträge müssen direkt von deinem Arbeitgeber auf den entsprechenden Vertrag überwiesen werden.

Vielleicht fragst du dich in diesem Moment, was denn »vermögenswirksam« heißt. Zu Recht, denn das Wort ist ebenfalls erklärungsbedürftig. Es hat etwas mit den sogenannten vermögenswirksamen Leistungen zu tun. Vorsorglich sei erwähnt, dass alle Zahlen, die wir im Folgenden aufzeigen, aus dem Jahr 2022 sind.

Vermögenswirksame Leistungen sind monatliche Zusatzzahlungen vom Arbeitgeber, unabhängig von deinem regulären Gehalt. Diese Zusatzleistung wird jedoch nur ausgezahlt, wenn sie direkt vom Arbeitgeber in einen vermögenswirksamen Sparvertrag, meist in einen Bausparvertrag oder einen Investmentsparvertrag, investiert wird. Die Höhe des möglichen Zuschusses kann zwischen 6,65 Euro und maximal 40 Euro pro Monat liegen und wird vom Arbeitgeber festgelegt. Bei Arbeitgebern, die einem Tarifvertrag unterliegen, wird dies durch den Tarifvertrag bestimmt. Auf diese vermögenswirksamen Leistungen (und auf deine freiwillige Zusatzleistung) erhältst du unter bestimmten Umständen dann die Arbeitnehmersparzulage.

Es gibt zwei Vertragsarten, für die du Arbeitnehmersparzulage beantragen kannst. Das Schöne daran ist, dass du beides parallel laufen lassen kannst und für beide Verträge die Förderungen bekommst, vorausgesetzt, du erfüllst die beiden oben genannten Voraussetzungen und dein Einkommen liegt unter den Höchstgrenzen, die jedoch für beide Produkte unterschiedlich sind.

Schauen wir uns beide Produkte nun einmal im Detail an.

## Vermögenswirksamer Investmentsparvertrag

Der vermögenswirksame Wertpapiersparvertrag ist eine hochinteressante Möglichkeit, um einen attraktiven Zuschuss vom Staat zu bekommen. Um ein passendes Produkt zu finden, fragst du entweder deine Beraterin bzw. deinen Berater oder gibst in die Suchleiste deines Browsers »vermögenswirksamer Investmentsparvertrag« oder »vermögenswirksamer Wertpapiersparvertrag« ein. Dann werden dir diverse Anbieter angezeigt – Anbieter von klassischen Investmentfonds, aber auch Anbieter von ETFs.

Damit der Wertpapiersparvertrag bzw. dein Investmentsparvertrag förderfähig ist, muss ein spezieller vermögenswirksamer Sparvertrag abgeschlossen werden. Du erhältst vom Staat einen Zuschuss von 20 Prozent pro Jahr (Auszahlung am Ende der Laufzeit), wenn du folgende Voraussetzungen erfüllst:

- Laufzeit sieben Jahre,
- Überweisung des Sparbetrags direkt vom Arbeitgeber,
- zu versteuerndes Einkommen beträgt maximal 20.000 Euro pro Jahr (bei Verheirateten verdoppelt es sich auf 40.000 Euro pro Jahr).

Die 20 Prozent Förderung erhältst du auf eine Einzahlung von maximal 400 Euro pro Jahr (bei Verheirateten das Doppelte für beide Personen zusammen). Es sind also 80 Euro pro Jahr, die du geschenkt bekommst.

Die Mindestlaufzeit von sieben Jahren muss eingehalten werden, damit du diese 20 Prozent erhältst (also pro Jahr bis zu 80 Euro). Wenn du deinen Vertrag vor Ablauf von sieben Jahren kündigst, bekommst du die Arbeitnehmersparzulage nur in ganz bestimmten Ausnahmefällen ausgezahlt, zu denen wir am Ende dieses Kapitels noch kommen.

Grundsätzlich gilt ansonsten: Die Arbeitnehmersparzulage wird nur dann ausgezahlt, wenn der Vertrag mindestens sieben Jahre lang lief. Übrigens: Du musst keine sieben Jahre lang Beiträge zahlen. Auch wenn du beispielsweise nur zwei, drei oder vier Jahre lang Beiträge gezahlt hast, den Vertrag aber erst nach Ablauf von sieben Jahren kündigst, bekommst du die Arbeitnehmersparzulage ausgezahlt.

## Vermögenswirksamer Bausparvertrag

Anders als beim vermögenswirksamen Investmentsparvertrag kannst du beim Bausparen jeden Bausparvertrag nutzen, um die vermögenswirksamen Leistungen durch deinen Arbeitgeber einzahlen zu lassen. Du kannst diesen Bausparvertrag weiterhin dazu nutzen, die Wohnungsbauprämie zu beantragen, dazu später mehr. An dieser Stelle sei erwähnt, dass ein und derselbe Sparbeitrag nur einmal gefördert werden kann. Möchtest du also beide Förderungen haben – Arbeitnehmersparzulage und Wohnungsbauprämie –, musst du zwei Beiträge einzahlen – einmal direkt von deinem Konto und einen Beitrag, der von deinem Arbeitgeber überwiesen wird (nämlich die vermögenswirksamen Leistungen).

Auf die vermögenswirksamen Leistungen, die in den Bausparvertrag eingezahlt werden, bekommst du 9 Prozent. Um diese 9 Prozent Arbeitnehmersparzulage pro Jahr zu erhalten, sind folgende Voraussetzungen zu erfüllen.

- Laufzeit sieben Jahre,
- Überweisung des Sparbetrags direkt vom Arbeitgeber,
- zu versteuerndes Einkommen beträgt maximal 17.900 Euro pro Jahr (bei Verheirateten verdoppelt es sich auf 35.800 Euro pro Jahr).

Der maximal geförderte Betrag liegt bei 470 Euro pro Jahr, sodass du maximal eine Förderung von 43 Euro (bei Verheirateten 86 Euro gemeinsam) erhalten kannst.

Alternativ kannst du diese Förderung übrigens erhalten, wenn du sie für die Tilgung eines Immobilienkredits nutzt. Auch hierfür müssen bestimmte Voraussetzungen erfüllt sein, die dir bei Bedarf deine Beraterin nennen kann.

Beide Förderungen, also sowohl die Förderung in einem Investmentsparvertrag als auch die Förderung in einem Bausparvertrag, können parallel in Anspruch genommen werden.

Wenn du also pro Jahr 400 Euro in einen Investmentsparvertrag investierst und gleichzeitig 470 Euro pro Jahr in einen Bausparvertrag einzahlst, erhältst du insgesamt 123 Euro pro Jahr, vorausgesetzt, die Laufzeit des Vertrags beträgt mindestens sieben Jahre. Auch hier gilt: Du brauchst nicht sieben Jahre lang Beiträge zu zahlen. Auch wenn du weniger Jahre einzahlst und den Vertrag dann beitragsfrei liegen lässt, bekommst du nach Ablauf der sieben Jahre die entsprechende Arbeitnehmersparzulage ausgezahlt.

Doch es gibt auch Ausnahmen von der Regel. In einigen wenigen Fällen kannst du den Vertrag vorzeitig kündigen und dennoch die Arbeitnehmersparzulage ausgezahlt bekommen. Das schauen wir uns im nächsten Unterkapitel an.

## Kündigung des vermögenswirksamen Sparvertrags vor Ablauf von sieben Jahren

Keine Regel ohne Ausnahme. Das gilt auch bei diesem Thema. Das fünfte Vermögensbildungsgesetz nennt nach § 4 Abs. 4 folgende »unausweichliche Gründe«, die eine sogenannte prämienunschädliche vorzeitige Kündigung erlauben. Diese ist dann gegeben, wenn

- der Arbeitnehmer / die Arbeitnehmerin oder sein/ihr Ehe- oder Lebenspartner stirbt oder völlig erwerbsunfähig wird,
- der Arbeitnehmer / die Arbeitnehmerin mindestens ein Jahr ununterbrochen arbeitslos ist,
- der Arbeitnehmer / die Arbeitnehmerin heiratet und die Ehe mindestens zwei Jahre besteht,

- der Erlös aus den vermögenswirksamen Leistungen innerhalb von drei Monaten nach der vorzeitigen Auszahlung für eine Weiterbildung eingesetzt wird oder
- der Arbeitnehmer / die Arbeitnehmerin seinen / ihren Job aufgibt, um sich selbstständig zu machen.

Vertiefende und ergänzende Informationen zu vermögenswirksamen Leistungen und Arbeitnehmersparzulage findest du im fünften Gesetz zur Förderung der Vermögensbildung der Arbeitnehmer (Fünftes Vermögensbildungsgesetz – 5. VermBG).

## Wohnungsbauprämie

Eine weitere Förderung, die du in Anspruch nehmen kannst, ist die Wohnungsbauprämie. Die erhältst du, wenn deine Sparbeiträge in einen Bausparvertrag fließen. Achtung: Viele Bausparverträge haben eine sehr niedrige Guthabenverzinsung. Wenn du nur sparen möchtest (und den Bausparvertrag später nicht für eine Immobilienfinanzierung einsetzen möchtest), dann achte bitte darauf, dass du einen Tarif mit einer etwas besseren Guthabenverzinsung abschließt. Im Anschluss an dieses Kapitel gibt es noch einen kleinen Exkurs zum Thema Bausparen.

Du kannst die Sparbeiträge, für die du die Wohnungsbauprämie (kurz WoP) erhalten möchtest, in den gleichen Bausparvertrag einzahlen, in den auch deine vermögenswirksamen Leistungen fließen.

Die Förderung ist ordentlich. Du bekommst 10 Prozent pro Jahr auf maximal 700 Euro eingezahlte Beiträge (auch hier verdoppelt sich die Summe wieder bei Verheirateten). Das sind also die nächsten 70 Euro, die du vom Staat jedes Jahr bekommen kannst. Wenn du bei Abschluss des Vertrags jünger als 25 Jahre bist, kannst du nach Ablauf von sieben Jahren über diese Förderung auch frei verfügen. Für alle anderen gilt: Du bekommst die Förderung leider nur ausgezahlt, wenn du das Geld wohnwirtschaftlich verwendest.

**Die Wohnungsbauprämie gibt es nur bei wohnwirtschaftlicher Verwendung**

Wohnwirtschaftliche Verwendung bedeutet, dass du dein angespartes Geld für einen Immobilienkauf, eine Renovierung oder eine Sanierung ausgeben musst, damit du die Wohnungsbauprämie auch wirklich ausgezahlt bekommst. Das gilt nicht, wie weiter vorne schon geschrieben, wenn du bei Abschluss des Bausparvertrags jünger als 25 Jahre bist.

Kleiner Tipp für Sparfüchse: Einige Bausparkassen bieten einen Jugendbonus von bis zu 200 Euro an, wenn du bei Abschluss eines Vertrags jünger als 25 Jahre bist. Das sind schnelle 200 Euro, die du mitnehmen kannst.

Um überhaupt einen Anspruch auf die Wohnungsbauprämie zu haben, darf dein zu versteuerndes Einkommen 35.000 Euro (bei Ledigen) nicht übersteigen. Bei Verheirateten gelten 70.000 Euro.

## Bausparen

Vielleicht fragst du dich gerade, was ein Bausparvertrag überhaupt ist und wann er für dich Sinn ergibt? Auch wenn du tolle Förderungen erhalten kannst, sollte der Sinn eines solchen Abschlusses gut überlegt sein.

Ein Bausparvertrag funktioniert wie folgt: Es gibt eine sogenannte Bausparsumme, zum Beispiel 20.000 Euro. Ziel ist es, 30 Prozent bis 50 Prozent von dieser Summe an Guthaben anzusparen (wie viel es tatsächlich ist, hängt von der Bausparkasse und dem entsprechenden Tarif ab).

Lass es uns einfach machen. Wir nehmen als Beispiel einen Tarif, bei dem du 40 Prozent als Sparziel hast. Dein Ziel ist es also, 8000 Euro anzusparen (40 Prozent von 20.000 Euro). Wenn du das geschafft hast, bekommst du von der Bausparkasse die Möglichkeit, die Differenz zur Bausparsumme als Darlehen aufzunehmen (in diesem Fall 12.000 Euro). Die Besonderheit dabei ist, dass du bereits bei Abschluss deines Vertrags genau weißt, wie hoch die Zinsen und die Rückzahlungsrate sein werden. Das ist natürlich dann besonders interessant, wenn du das Darlehen auch in Anspruch nehmen möchtest, zum Beispiel für die Renovierung deiner Wohnung oder für den Kauf einer Immobilie. Die Krux an dem Darlehen ist jedoch, dass du es tatsächlich nur wohnwirtschaftlich verwenden darfst, also zum Kauf einer Immobilie, zur Renovierung, zur Sanierung, aber auch zum Erwerb von Genossenschaftsanteilen. Ein Auto oder etwas anderes darfst du von dem Darlehen nicht erwerben.

**Ein Bausparvertrag besteht aus Sparsumme und Darlehen**

Du bist nicht verpflichtet, ein Darlehen in Anspruch zu nehmen. Außerdem gibt es auch Bausparkassen, die reine Spartarife mit etwas höheren Guthabenzinsen anbieten als Spezialprodukt, wenn jemand vor allem die staatlichen Förderungen in Anspruch nehmen möchte. Doch Achtung: Vermittler werden häufig an der Höhe der abgeschlossenen Bausparsumme gemessen. Sie haben oft kein Interesse daran, kleine Bausparsummen abzuschließen. Auch die Provisionszahlungen von Vermittlungen bemessen sich häufig an der Bausparsumme und der dazugehörigen Abschlussgebühr. Und genau das ist das Stichwort dafür, warum viele Bausparverträge trotz der staatlichen Förderungen unrentabel sind.

**Fangen wir mit einem positiven Beispiel an:** *Du möchtest beide Förderungen in voller Höhe in Anspruch nehmen. Dafür ist es erforderlich, 470 Euro pro Jahr vermögenswirksame Leistungen und 700 Euro pro Jahr für die Wohnungsbauprämie einzuzahlen. Das sind 1170 Euro pro Jahr, also pro Monat eine Einzahlung von 97,50 Euro. Dafür bekommst du am Ende der Laufzeit dann für jedes Sparjahr 113 Euro gutgeschrieben (43 Euro Arbeitnehmersparzulage und 70 Euro Wohnungsbauprämie). Wenn du jedes Jahr 1170 Euro einzahlst, bekommst du nach sieben Jahren (ohne Berücksichtigung von Zinsen) 8981 Euro ausgezahlt, nämlich 8190 Euro Eigenleistung und 791 Euro staatliche Förderung. Bei einer Bausparsumme von 20.000 Euro und einem Tarif, in dem du lediglich eine Abschlussgebühr von einem Prozent, also 200 Euro zahlst, rechnet sich das durchaus.*

Wenn dich der Berater oder die Beraterin jetzt jedoch dazu drängt, eine höhere Bausparsumme abzuschließen, damit du beispielsweise irgendwann auch einen höheren Darlehensanspruch hast, dann lohnt sich das nur, wenn du dieses Darlehen auch in Anspruch nimmst. Wenn es sich zudem um einen Bausparvertrag handelt, bei dem du eine Abschlussgebühr von beispielsweise 1,8 Prozent auf die Bausparsumme zahlen musst, wird es schnell unrentabel, wenn nicht dein primäres Ziel die Zinssicherung bei dem Darlehen ist.

**Anderes Beispiel:** *Mal angenommen, du schließt einen Vertrag mit einer Summe von 40.000 Euro ab und musst auf diese Summe auch noch 1,8 Prozent Abschlussgebühr zahlen, dann liegst du bei Abschlusskosten* von 720 Euro. *Die gesamte Förderung über sieben Jahre würde also von diesen Kosten »aufgefressen« werden.*

Sinn oder Unsinn – das ist in solchen Fällen die große Frage. Und die Antwort darauf hängt von deinen persönlichen Zielen und Wünschen ab. Bausparen ist eine geniale Möglichkeit, um staatliche Förderungen in Anspruch zu nehmen und gleichzeitig eine Grundlage für eine spätere Immobilie oder für eine Renovierung zu schaffen. Auch wenn du bei Abschluss eines Vertrags jünger als 25 Jahre bist, ist es durchaus rentabel.

Wenn du jedoch nur sparen möchtest, bei Abschluss des Vertrags 25 Jahre oder älter bist und mit Immobilien und Renovierungen nichts am Hut hast, dann solltest du den Abschluss eines solchen Vertrags aus wirtschaftlichen Gründen sehr genau prüfen. Eine andere Sparanlage, zum Beispiel in Investmentfonds, könnte durchaus rentabler sein, auch ohne staatliche Förderungen.

## Riester-Förderung

Die Riester-Förderung soll an dieser Stelle der Vollständigkeit halber erwähnt werden. Sie ist jedoch sehr komplex und füllt allein ganze Bücher. Die Riester-Rente ist definiert als eine durch staatliche Zulagen und durch Sonderausgabenabzug geförderte, privat finanzierte Rente in Deutschland. Die Förderung ist durch das Altersvermögensgesetz (AVmG) 2002 eingeführt worden und in § 10a, §§ 79 ff. Einkommensteuergesetz geregelt.

Die Förderung kann auf zwei Arten genutzt werden:

1. als Geldleistung für die Altersvorsorge,
2. als Wohn-Riester, um selbst genutztes Wohneigentum zu finanzieren.

Es gibt verschiedene Produkte, die Riester-förderfähig sind. Im Altersvorsorgebereich sind es Riester-Rentenversicherungen, Riester-Investmentsparpläne und Riester-Banksparpläne. Das Geld kann erst zu Rentenbeginn ausgezahlt werden, und zwar im Rahmen einer lebenslangen Leibrente oder in Form eines Auszahlungsplans mit einer Teilkapitalverrentung.

In den Bereich des Wohn-Riesters fallen Bausparverträge, aber auch verschiedene Immobilienfinanzierungsarten wie beispielsweise Riester-Annuitätendarlehen, Riester-Bauspardarlehen, Riester-Kombifinanzierungen oder auch die Entnahme von Kapital aus Geld-Riester-Verträgen, um ein Eigenheim zu kaufen.

Bei Riester-Verträgen werden zwei Phasen unterschieden:

- **Phase eins** ist die Phase bis zum Eintritt des Rentenalters. In dieser Phase erhältst du Zuschüsse und bekommst zusätzlich – vor allem bei höheren Einkommen – Steuervorteile. Um in den Genuss der vollen Förderung zu kommen, musst du 4 Prozent deines Bruttoeinkommens einzahlen. Dabei wird dein Bruttoeinkommen des Vorjahres zugrunde gelegt. Zahlst du weniger ein, bekommst du auch nur die anteilige Förderung. Wenn du 4 Prozent des Vorjahres-Bruttoeinkommens einzahlst, erhältst du 175 Euro Zuschuss, die sogenannte Grundzulage. Solltest du ein Kind bekommen, dann erhältst du pro Kind jedes Jahr noch einmal 300 Euro dazu (gilt für Kinder, die ab 2008 geboren wurden). Wenn du beim Abschluss des Vertrags jünger als 25 Jahre bist, bekommst du noch den Berufseinsteiger-Bonus von einmalig 200 Euro. Die Riester-Rente kann sich sowohl bei

**Riester-Verträge bestehen aus zwei Phasen**

niedrigen Einkommen lohnen (da du dann im Verhältnis relativ viele Zuschüsse erhältst) als auch bei sehr hohen Einkommen, da du dann noch Steuervorteile erhältst. Auch für kinderreiche Familien kann es durchaus ein lukratives Geschäft sein. Doch Vorsicht: Achte bitte bei der Produktauswahl auf die Kosten des Vertrags. Gerade bei Rentenversicherungen sind die Kosten durch den Vertrag teilweise so hoch, dass die Zuschüsse wieder aufgefressen werden. Unser Tipp: Schaue lieber nach Investmentsparverträgen, die Riester-förderfähig sind, oder nutze die Förderung für den Kauf einer selbst genutzten Immobilie. Bitte denke auch dran: Die Riester-Verträge sind alle langfristig zu sehen – sehr langfristig, nämlich bis zur Rente.

▪ **Phase zwei** beginnt mit Eintritt in das Rentenalter. Ab diesem Zeitpunkt fängt die nachgelagerte Besteuerung an, übrigens einer der großen Kritikpunkte von Riester-Gegnern. Im Klartext bedeutet es, dass du im Rentenalter mehr Steuern bezahlst, als wenn du keinen Riester-Vertrag abgeschlossen hättest. Ein Riester-Vertrag kann sich dennoch rechnen, doch das sollte individuell berechnet werden. Die Berechnung dieser nachgelagerten Besteuerung ist komplex und vor allem ist es ein Blick in die Glaskugel, denn die Höhe deiner sonstigen Rente hängt davon ab, wie sich dein Berufsweg und auch dein Einkommen und somit deine Beitragszahlungen entwickeln. Je höher deine Rente ausfallen wird, desto höher sind auch deine Steuerzahlungen und desto mehr macht sich die nachgelagerte Besteuerung bei Riester bemerkbar. Auf der anderen Seite hast du natürlich auch in Phase eins eine entsprechende Steuerersparnis gehabt, vor allem bei hohen Einkommen.

Vielleicht zeigt dir dieser Minieinblick schon, dass es wenig zielführend wäre, an dieser Stelle das komplexe Thema Riester in Gänze zu erläutern. Falls du nähere Informationen dazu haben möchtest, wende dich gerne an die Autorinnen. Für nähere Erläuterungen zum Thema Riester ist Daniela die Ansprechpartnerin. Beide Autorinnen findest du über Social Media, zum Beispiel auf Instagram und YouTube.

Um das Thema Riester abzuschließen, passt folgendes Zitat: »Drum prüfe, wer sich ewig bindet, ob sich nicht was Besseres findet.« (Verballhornung von Friedrich Schiller, »Das Lied von der Glocke«: »Drum prüfe, wer sich ewig bindet, ob auch das Herz zum Herzen findet.«)[44]

# Resümee

Nun bist du fast am Ende der Lektüre angekommen und hast viele Inputs von uns erhalten. Spätestens jetzt kann die Reise zu deiner finanziellen Unabhängigkeit beginnen, wenn du sie nicht schon längst angetreten hast. Bitte denke daran: Vom Nichtstun passiert auch nichts, deswegen solltest du spätestens jetzt anfangen, das eine oder andere umzusetzen, denn nur mit Wissen und ohne Umsetzung wirst du deine finanzielle Unabhängigkeit nicht erreichen.

## Du willst es, du kannst es. Dann tue es auch!

Diese Überschrift ist gleichzeitig ein Vortragstitel von Daniela Landgraf. Ein großes Thema unserer Gesellschaft ist, dass zwar unglaublich viel Wissen vorhanden ist, dass vieles aber an der Umsetzung scheitert. Dafür gibt es einige Erklärungen. Für die meisten Menschen ist eine Veränderung von Gewohnheiten, Lebensstilen und Einstellungen zunächst sehr unbequem. Es ist viel einfacher, im »Automodus« immer wieder die gleichen Dinge zu tun, die du schon immer getan hast. Vieles, was neu ist, fühlt sich erst einmal anstrengend an. Aus genau diesem Grund empfehlen wir dir, dass du dir Folgendes aufschreibst:

**Mach eine Prioritätenliste**

- Was möchtest du bis wann in welcher Reihenfolge tun?
- Wann startest du konkret?
- Bis wann möchtest du welche Schritte umgesetzt haben?

Mach dir eine Prioritätenliste. Alles auf einmal zu erreichen, ist utopisch und im Zweifel nur frustrierend. Sich mit kleinen Umsetzungserfolgen Schrittchen für Schrittchen dem großen Ziel zu nähern, motiviert dagegen sehr. Es ist ein wundervolles Gefühl, wenn du etwas erreicht hast. Und nicht nur das. Gleichzeitig stärkt es das Selbstbewusstsein und macht Lust auf mehr.

Warum viele Menschen die Lust verlieren oder es an Umsetzungsenergie fehlt, das ist gut an zwei Modellen erklärbar, die wir dir hier kurz noch vorstellen.

## Der Entwicklungskreis

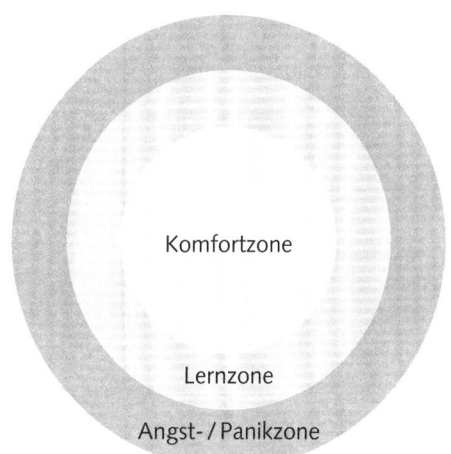

Der Entwicklungskreis enthält drei Zonen, weswegen er auch gerne als Lernzonenmodell oder Drei-Zonen-Modell bezeichnet wird. Das Modell stammt aus der Erlebnispädagogik. Wer der ursprüngliche Urheber dieses Modells ist, lässt sich leider nicht ermitteln. Der Begriff »Komfortzone« soll von Yerkes und Dodson erstmalig im Jahre 1908 verwendet worden sein.

Das Lernzonenmodell ist einfach erklärt: Die meisten Menschen befinden sich gerne in der Mitte des Kreises – in der Komfortzone. Hier ist alles bekannt und einfach. Es ist die Zone der Routinen und der Sicherheit. Doch solange du in dieser Zone verbleibst, so lange wird auch nichts passieren. Wenn du dich weiterentwickeln möchtest, musst du die Schwelle zur Lernzone überschreiten. In dieser Zone erfährst du viel Neues und bist quasi in der Übungsphase. Das, was du neu lernst, wird irgendwann in die Komfortzone integriert, sodass sich diese mit jeder neuen Lernerfahrung vergrößert.

Wenn du jedoch zu viel auf einmal machen möchtest oder von außen in eine völlig ungewohnte, neue Situation gestoßen wirst, dann besteht die Gefahr, dass du in der Angst- oder Panikzone landest. Sinnbildlich wird dann häufig mit Flucht (zurück in die Komfortzone) oder Schockstarre reagiert. Bezogen auf deine Finanzen bedeutet das, dass es wesentlich sinnvoller ist, kleine Schritte hinein in die Lernzone zu gehen. Du musst nicht gleich alle Verhaltensweisen auf einmal ändern, nur noch sparen und das am besten gleich in Aktien, Kryptowährungen und Immobilien. Das würde dich eventuell überfordern. Deswegen gehe Schritt für Schritt in deine Lernzone hinein – in die Zone des Ungewohnten und des Neuen, ohne jedoch zu weit zu gehen. Denn wenn du zu viel von dir auf einmal verlangst, ist die Gefahr groß, dass du in die Panikzone gerätst und dann komplett in deine alten Verhaltensmuster zurückfällst.

**Nicht zu viel auf einmal angehen!**

## Die Kompetenzstufen des Lernens

Ein weiteres spannendes Modell sind die Kompetenzstufen des Lernens. Es ist ein Modell aus der Entwicklungspsychologie. Laut Wikipedia wird als Urheber häufig Abraham Maslow genannt, obwohl es wohl tatsächlich in den 1970er-Jahren von Noel Burch, einem Mitarbeiter von Gordon Training International, entwickelt wurde.[45]

Bevor wir uns das Modell genauer anschauen, möchten wir dir ein paar Fragen stellen:

- Kannst du dich noch daran erinnern, wie anstrengend es war, Fahrrad fahren zu lernen?
- Hast du einen Führerschein? Kannst du dich noch daran erinnern, wie schwierig es in den ersten Fahrstunden war, als du gefühlt alles gleichzeitig machen musstest: Gas geben, bremsen, kuppeln, schalten und auf den Verkehr achten?
- Oder erinnere dich an deine Schulzeit? Wie schwer fiel es dir, das eine oder andere zu lernen, das für dich heute selbstverständlich ist (zum Beispiel das Lesen, Schreiben, Rechnen)?

● Hast du schon mal kleine Kinder beobachtet, die das erste Mal versuchen, aufzustehen und zu gehen? Es sieht unglaublich anstrengend aus … und irgendwann ist es völlig normal, aufrecht zu gehen.

All diese Beispiele beschreiben perfekt die vier Kompetenzstufen des Lernens. Sie lauten:

### Unbewusste Inkompetenz
Du weißt nicht, dass du etwas nicht kannst.

Warum weißt du es nicht? Weil du es entweder noch nicht kennst oder noch nicht ausprobiert hast. Wenn ein kleines Kind bei den Eltern im Auto sitzt, macht es sich keine Gedanken darüber, wie anstrengend das Autofahren sein kann und was alles dazu gehört.

Bevor du dich mit dem Thema Geld beschäftigt hast, kanntest du wahrscheinlich die Vielfalt der Möglichkeiten noch gar nicht. Auch das ist unbewusste Inkompetenz. Es handelt sich also schlichtweg um Nichtwissen.

### Bewusste Inkompetenz
Du weißt, dass du etwas nicht kannst.

**Beispiel Führerschein:** *Irgendwann erfährst du, dass du nicht einfach so Autofahren darfst, sondern einen Führerschein machen musst, wenn du Autofahren willst. Du hast aber zu Beginn des Führerscheinlehrgangs vielleicht noch überhaupt keine Ahnung.*

**In Bezug auf Geld:** *Du bist dir vielleicht bewusst, dass es viele Finanz- und Geldthemen gibt, aber du kennst dich überhaupt noch nicht aus und hast deswegen eventuell genau zu diesem Buch gegriffen.*

### Die bewusste Kompetenz
Du lernst, die neuen Kompetenzen bewusst einzusetzen.

Die bewusste Kompetenz ist die Stufe des Lernens und des Übens. Es ist die Phase, in der du Stück für Stück Neues lernst und übst.

**Beispiel Führerschein:** *Du bist in der Fahrschule und weißt, wie du ein Auto fährst, lenkst, bremst und wie die Verkehrsregeln lauten. Doch du musst* dich noch ganz schön konzentrieren, weil es noch nicht zur Routine geworden ist.

**Beispiel Geld:** *Mit dem Lesen dieses Buches bist du in die Phase der bewussten Kompetenz eingestiegen. Du weißt nun vieles, aber es fühlt sich vielleicht noch anstrengend an. Es ist noch nicht in Fleisch und Blut übergegangen. Manches musst du vielleicht immer wieder nachlesen und wiederholen.*

### Die unbewusste Kompetenz

Dir fallen die Dinge leicht und du bist routiniert darin.

Vielleicht hast du sogar vergessen, wie hart du dir die Kompetenz erarbeiten musstest (Beispiele: Laufen, Lesen, Schreiben, Rechnen lernen). Du bist dir vielleicht gar nicht bewusst, dass du diese Kompetenzen hast, weil sie einfach selbstverständlich für dich sind.

**Beispiel Führerschein:** *Wenn du einen Führerschein hast, wie sehr denkst du während des Autofahrens noch darüber nach, was du gerade tust?*

**Beispiel Geld:** *Du hast das Grundwissen, vielleicht sogar vertiefendes Wissen und kaufst selbstverständlich Aktien oder Kryptowährungen. Vielleicht finanzierst du irgendwann die zweite oder dritte Immobilie und es fällt dir ganz leicht, Geld zurückzulegen, zu sparen oder zu investieren.*

Damit du jedoch in Stufe vier kommst, solltest du dich immer und immer wieder mit den Themen beschäftigen und jeden Tag ein kleines bisschen daran arbeiten. Damit dir das umso leichter gelingt, fassen wir hier noch mal das Wichtigste aus dem Buch zusammen.

# Wohin soll die Reise gehen?

Warum möchtest du Vermögen aufbauen? Was ist dein Ziel?

Planst du eine Weltreise? Willst du nur noch in Teilzeit arbeiten und nebenbei eigene Projekte aufziehen? Oder ist dein Ziel, für deine Rente vorzusorgen?

Letzteres solltest du auf jeden Fall machen, außer du bist ein Fan böser Überraschungen (wir empfehlen es dir aber auch dann nicht). Wir finden jedoch, dass hierbei oft außer Acht gelassen wird, dass Vermögensaufbau auch im Jetzt Spaß machen und vor allem schon viel früher Freiheiten ermöglichen kann.

Beispiel: *Angenommen, du bist 37 Jahre alt und merkst, dass dir dein Job einfach keine Freude mehr bereitet. Entweder weil du die Tätigkeit an sich nicht mehr gerne ausübst oder weil du einen neuen Chef hast. Du möchtest noch mal studieren oder einen komplett anderen Berufsweg einschlagen.*

*Situation A: Du hast ein Vermögen von 100.000 Euro, von dem du fast sechs Jahre lang leben könntest.*

*Situation B: Du hast 0 Euro auf der hohen Kante.*

*In welcher Situation, denkst du, fällt ein Jobwechsel leichter?*

Wenn du etwas Geld auf der Seite hast, lebst du höchstwahrscheinlich entspannter. Kaputte Spülmaschine? Kein Problem! Eine Reparatur am Auto steht an? Macht nichts, kann bezahlt werden!

Geld anzusparen und finanzielle Freiheit bedeuten übrigens nicht, dass man nie mehr arbeiten gehen möchte. Schon oft haben wir unter Videos zum Thema Frugalismus Kommentare gelesen wie »Such dir doch einfach einen Job, der dir gefällt« oder »Mir wäre langweilig, wenn ich mit 45 in Rente wäre«. Beiden Aussagen stimmen wir grundsätzlich zu. In unseren Augen ist es wichtig, dass man einen Job hat, der einen erfüllt und einem Freude bereitet. Aber wie im obigen Fall kann es eben sein, dass sich deine Interessen oder auch die Jobumstände im Laufe des Lebens ändern. Das kann jedem passieren.

Wir glauben, es ist verlorene Lebenszeit, wenn man fünf bis zehn Jahre oder länger in einem gut bezahlten Job verharrt, den man nicht gerne macht, nur um viel Geld zu sparen und mit 45 finanziell frei zu sein. Deshalb finden wir es am besten, wenn man zusieht, dass man schon in jungen Jahren einen Job hat, der einen erfüllt. Wenn man dann gleichzeitig Geld zur Seite legt, wird man mit der Zeit immer unabhängiger von seinem Einkommen aus der Erwerbstätigkeit.

Dir gefällt dein Job irgendwann nicht mehr? Dann kannst du problemlos kündigen und wechseln. Oder du möchtest ein paar Monate oder Jahre auf Weltreise gehen? Auch das kannst du mit Geld machen! Vielleicht kommt dir sogar die Idee für ein eigenes Projekt oder »Side Hustle«, dem du gerne mehr Zeit widmen möchtest. Mit einem finanziellen Polster auf der Seite kannst du einfacher deine Stunden reduzieren und hast mehr Zeit für deine Selbstständigkeit.

Wenn du deine monatlichen Ausgaben durch passive Einnahmen decken kannst, hast du auch mehr Zeit, dich ehrenamtlich zu engagieren. Je höher dein Vermögen ist, desto mehr Gutes kannst du damit bewirken, indem du das Geld spendest oder eine eigene Stiftung gründest.

Also, wohin wird deine persönliche Reise gehen?

Am besten setzt du dich jetzt direkt einmal dran und überlegst dir, welche ersten Schritte du gerne gehen möchtest. Was wirst du als Erstes umsetzen? Vielleicht startest du gleich heute mit einer der Sparchallenges? Oder du suchst dir einen spannenden Investmentfonds heraus und fängst an, diesen mit monatlichen Beiträgen zu besparen? Auch aus kleinen Beträgen kann eine hübsche Summe entstehen.

Wichtig ist, dass du dieses Buch nicht nur gelesen hast, sondern dass du direkt mit der Umsetzung anfängst. Schiebe es nicht auf! Fang direkt heute mit wenigstens einem einzigen Punkt an.

Wir wünschen dir viel Erfolg dabei!

# Über die Autorinnen

**Valentina Dapunt,** geboren 1997, hat 2021 erfolgreich ihr Medizinstudium abgeschlossen und ergänzt dieses noch durch ein Informatikstudium. Seit einigen Jahren beschäftigt sie sich mit den Themen Finanzen und Minimalismus auch in Verbindung mit Gesundheit. Aufgrund ihres finanzpsychologischen Interesses hat sie auch einen Diplomlehrgang in Wirtschaftspsychologie absolviert. Durch Social Media erreicht Valentina unter dem Namen minimal_frugal über 50.000 Menschen. Dabei fokussieren sich ihre Inhalte vor allem auf die Themen Finanzen, Nachhaltigkeit und finanzielle Unabhängigkeit. Zudem arbeitet sie in einem Startup mit, das sich um die finanzielle Bildung der jungen Generation kümmert, und schreibt regelmäßig Artikel für Fachzeitschriften.

**Daniela Landgraf,** geboren 1972, ist erfolgreiche Keynote-Speakerin, Trainerin, Autorin und Coach sowie ehemalige Finanzberaterin und Vertriebsleiterin. Sie kann auf zahlreiche Qualifikationen blicken, z. B. Finanzfachwirtin (IHK), Betriebswirtin, Personal Coach (IHK), Train the Trainer (IHK), Professional Speaker GSA (SHB) und viele andere. Sie war 14 Jahre lang als Dozentin für die Going Public! Akademie für Finanzberatung AG tätig und ist Ausbilderin bei der Deutschen Fachakademie für Immobilienwirtschaft. Für eine Akademie der Volksbanken (Fynn Akadmie) hat sie 2021 21 Lehrfilme zum Thema Immobilienfinanzierung aufgenommen. Daniela Landgraf schreibt regelmäßig für das Magazin »Finanzwelt« Gastbeiträge.

# Anmerkungen

1   bank99 AG., Frauenpower in der Finanzwelt, https://bank99.at/blog/
    weltfrauentag-frauenpower-finanzwelt, 8.11.2022.

2   Anke Dembowski, UBS Studie zeigt: Frauen kümmern sich zu wenig
    um Finanzfragen, https://fondsfrauen.de/ubs-studie-zeigt-verheira-
    tete-frauen-uebernehmen-nur-selten-langfristige-finanzentscheidun-
    gen/, 8.11.2022.

3   https://fondsfrauen.de/ubs-studie-zeigt-verheiratete-frauen-ueber-
    nehmen-nur-selten-langfristige-finanzentscheidungen/, 12.12.2022.

4   Daniela Landgraf: Selbstwert ist Geld wert. Doch was bist du dir
    wert?, Jünger Medien Verlag, Offenbach 2018.

5   Ebenda, S. 40–44.

6   Statista, Fernsehkonsum: Tägliche Sehdauer der Deutschen in Mi-
    nuten nach Altersgruppen in den Jahren 2020 und 2021, Mai 2022,
    https://de.statista.com/statistik/daten/studie/2913/umfrage/fernseh-
    konsum-der-deutschen-in-minuten-nach-altersgruppen, 8.11.2022.

7   comdirect – eine Marke der Commerzbank AG, Erstes Gehalt: Alles
    Wichtige rund ums erste eigene Geld, 8.9.2021,  https://magazin.
    comdirect.de/geldsachen/erstes-gehalt#wofuer-berufseinsteiger-ihr-
    gehalt-ausgeben, 8.11.2022.

8   Frank Stocker, So viel geben die Deutschen für ihren Urlaub aus,
    26.6.2019,  https://www.welt.de/finanzen/article195918767/Urlaub-
    So-viel-geben-die-Deutschen-aus.html, 8.11.2022.

9   RND RedaktionsNetzwerk Deutschland GmbH, Umfrage: Fast jeder
    fünfte Deutsche finanziert Urlaub mit Dispo-Kredit, Frankfurt am
    Main, 25.06.2021, https://www.rnd.de/wirtschaft/umfrage-fast-jeder-
    fuenfte-deutsche-finanziert-urlaub-mit-dispo-kredit-X3Y26VOADT
    IZ452ZSY7Q2GQ34Q.html, 8.11.2022.

10  Axel Springer SE, 83 Prozent der deutschen Haushalte haben ein
    Auto, 29.6.2010, https://www.welt.de/motor/article8222158/83-
    Prozent-der-deutschen-Haushalte-haben-ein-Auto.html, 8.11.2022.

11  Andreas Bachmann, Wie wir uns über die Kosten des Autos selbst
    belügen – zulasten aller, 7.8.2020, https://www.moment.at/story/
    wir-kosten-autos-beluegen-zulasten-aller, 8.11.2022.

12  Radbonus GmbH, EFFEKTIVE GESCHWINDIGKEIT – SCHNELLER ALS GEDACHT, https://radbonus.com/portfolio-posts/effektive-geschwindigkeit-schneller-als-gedacht, 8.11.2022.

13  One Mobility Ticketing GmbH, https://www.klimaticket.at/de/, 8.11.2022.

14  Presse- und Informationsamt der Bundesregierung, 9-Euro-Ticket 52 Millionen Mal verkauft, 1.9.2022, https://www.bundesregierung.de/breg-de/suche/faq-9-euro-ticket-2028756, 8.11.2022.

15  Ausland – Studium, schulische Ausbildung, Praktika, https://www.xn--bafg-7qa.de/SiteGlobals/Forms/bafoeg/weltkarte/weltkarte_formular.html, 8.11.2022.

16  Erasmus Plus, https://www.erasmusplus.de/, 2.12.2022.

17  Foodsharing e.V., https://foodsharing.de, 9.11.2022.

18  Jens Hakenes, Laura Wagener, Strom sparen im Haushalt: 25 einfache Tipps, https://www.co2online.de/energie-sparen/strom-sparen/strom-sparen-stromspartipps/strom-sparen-tipps-und-tricks/, 8.11.2022., Utopia GmbH, Energiesparen: 17 Tipps für jeden Haushalt, 28. September 2022, https://utopia.de/ratgeber/energie-sparen-energiespartipps-haushalt/, 9.11.2022.

19  Andreas Madel, Die 20 besten Tipps zum Heizkosten sparen, 31.10.2022, https://www.heizsparer.de/spartipps/heizkosten/die-20-besten-tipps-zum-heizkosten-sparen, 9.11.2022; Oliver Havlat, Verbraucherzentrale NRW e.V., Heizung: 10 einfache Tipps zum Heizkosten sparen, 20.7.2022, https://www.verbraucherzentrale.de/wissen/energie/heizen-und-warmwasser/heizung-10-einfache-tipps-zum-heizkosten-sparen-13892, 9.11.2022.

20  Oliver Noelting, Die 752- und die 173-Regel: Wie viel kosten dich deine Gewohnheiten?: https://frugalisten.de/die-752-und-die-173-regel-wie-viel-kosten-dich-deine-gewohnheiten/, 9.11.2022.

21  Macht ein Lottogewinn glücklich? 15.10.2020, https://www.lottohelden.de/magazin/macht-ein-lottogewinn-gluecklich-die-fakten/, 2.12.2022.

22  Jasmin Farah, Hat Ihr Nachbar mehr Geld als Sie? Dann gehen Sie sicher pleite, sagen Forscher, 18.10.2019, https://www.merkur.de/leben/geld/studie-neid-macht-nachbarn-lottogewinnern-gehen-schneller-pleite-zr-13129174.html, 2.12.2022.

23 Anthony Robbins, https://www.tonyrobbins.com/mind-meaning/do-you-need-to-feel-significant/, 2.12.2022.

24 macondo publishing GmbH, 40 Prozent aller Kleidungsstücke sind Schrankhüter, 4.9.2015, https://www.umweltdialog.de/de/verbraucher/mode/2015/40-Prozent-aller-Kleidungsstuecke-sind-Schrankhueter.php, 9.11.2022; FUNKE Medien Hamburg GmbH, Deutsche tragen viele Kleidungsstücke nur zwei Mal, 23.11.2015, https://www.abendblatt.de/vermischtes/lifestyle/article206705987/Deutsche-tragen-viele-Kleidungsstuecke-nur-zwei-Mal.html, 9.11.2022.

25 Merle Blankenfeld, Macht ein minimalistisches Leben glücklicher?, 16.11.2021, https://www.gala.de/lifestyle/liebe/neue-forschungsergebnisse--macht-minimalismus-gluecklich--22547420.html, 9.11.2022.

26 bbg Betriebsberatungs GmbH, Geld ist der größte Stressfaktor der Deutschen, 29.3.2019, https://www.asscompact.de/nachrichten/geld-ist-der-gr%C3%B6%C3%9Fte-stressfaktor-der-deutschen, 9.11.2022.

27 Anne Volkmann, Geldsorgen können dem Herzen schaden, 8.1.2020, https://www.gesundheitsstadt-berlin.de/geldsorgen-koennen-dem-herzen-schaden-13914, 9.11.2022.

28 Stabsstelle Kommunikation und Presse (KOM) der Johannes Gutenberg-Universität Mainz in Zusammenarbeit mit den Fachbereichen und Einrichtungen, Mainzer Studie zeigt Zusammenhang zwischen Ausgabenarmut und mangelhaftem Gesundheitszustand, 27.02.2008, https://www.uni-mainz.de/presse/20360.php, 9.11.2022.

29 Anouk Ellen Susann: Upgrade Yourself, Haufe-Verlag, Freiburg 2020, S. 40.

30 FiveTeams UG (haftungsbeschränkt), Gehaltsverhandlung im neuen Job | 20 Tipps und Argumente, https://www.fiveteams.com/ratgeber/gehaltsverhandlung-im-neuen-job-20-tipps, 9.11.2022.

31 Jörg Leine, Steuerfreie Extras vom Chef, 12.10.2022, https://www.finanztip.de/steuerfreie-sachzuwendungen/, 9.11.2022.

32 Robert Kyiosaki: Rich Dad Poor Dad. Was die Reichen ihren Kindern über Geld beibringen. FinanzBuch-Verlag, München 2014.

33 Dr. Gerd Kommer, Timing des Markteinstiegs – funktioniert es?, 1.3.2019, https://gerd-kommer.de/timing-des-markteinstiegs/, 9.11.2022.

34 Hendrik Buhrs, Gold bringt langfristig wenig Rendite, 1.6.2022, https://www.finanztip.de/gold/, 10.11.2022.

35 Dr. Gerd Kommer, Kaufen oder Mieten?: Wie Sie für sich die richtige Entscheidung treffen, Campus Verlag, Frankfurt am Main 2021.

36 Daniela Landgraf: Immobilien als Kapitalanlage clever finanzieren, Walhalla Fachverlag, Regensburg 2022.

37 Oliver Noelting, Die 752- und die 173-Regel: Wie viel kosten dich deine Gewohnheiten? 5.10.2016, https://frugalisten.de/die-752-und-die-173-regel-wie-viel-kosten-dich-deine-gewohnheiten/, 9.11.2022.

38 Oliver Noelting, Die 4 %-Regel: Wie viel Geld brauchst du, um nicht mehr arbeiten gehen zu müssen? 23.4.2016, https://frugalisten.de/die-4-prozent-regel-wie-viel-geld-brauchst-du-um-nicht-mehr-arbeiten-gehen-zu-muessen/, 10.11.2022.

39 Oliver Noelting, Die 300 Euro-Regel: Bezahlst du einen unendlichen Kredit?, 13.2.2017, https://frugalisten.de/die-300-regel-bezahlst-du-einen-unendlichen-kredit/, 10.11.2022.

40 Finanzfluss Team, Finflow GmbH, Die 72er Regel: Wann verdoppelt sich mein Vermögen?, 9.5.2022, https://www.finanzfluss.de/geldanlage/72er-regel/, 10.11.2022.

41 Klaudia Will, Grundtabelle 2022, https://einkommensteuertabellen.finanz-tools.de/grundtabelle/2022, 10.11.2022.

42 Bundesministerium für Bildung und Forschung, https://bafög.de, 10.11.2022.

43 Bundesministerium für Bildung und Forschung, https://www.bafög.de/bafoeg/de/das-bafoeg-alle-infos-auf-einen-blick/einzelfragen-der-foerderung/wie-funktioniert-die-rueckzahlung/wie-funktioniert-die-rueckzahlung.html, 10.11.2022.

44 Friedrich Schiller, https://www.friedrich-schiller-archiv.de/zitate-schiller/drum-pruefe-wer-sich-ewig-bindet/, 2.12.2022.

45 Wikipedia, https://de.wikipedia.org/wiki/Kompetenzstufenentwicklung, 2.12.2022.